U1074409

山西国税年报（2013）

山西省国家税务局 编

中国税务出版社

图书在版编目（CIP）数据

山西国税年报. 2013 / 山西省国家税务局编. -- 北京：
中国税务出版社，2014.7
ISBN 978-7-5678-0123-3

Ⅰ. ①山… Ⅱ. ①山… Ⅲ. ①国家税收 - 税收管理 -
山西省 - 2013 - 年报 Ⅳ. ①F812.725.042-2

中国版本图书馆 CIP 数据核字（2014）第 162328 号

版权所有·侵权必究

书　　名：山西国税年报（2013）
作　　者：山西省国家税务局　编
责任编辑：陈金艳
责任校对：于　玲
技术设计：刘冬珂
出版发行：中国税务出版社
北京市西城区木樨地北里甲 11 号（国宏大厦 B 座）
邮编：100038
http: //www.taxation.cn
E-mail: swcb@taxation.cn
发行中心电话：(010) 63908889 / 90 / 91
邮购直销电话：(010) 63908837　传真：(010) 63908835
经　　销：各地新华书店
印　　刷：太原彩亿印业有限公司
规　　格：889×1194 毫米　1/16
印　　张：14.5
字　　数：442000 字
版　　次：2014 年 7 月第 1 版　2014 年 7 月第 1 次印刷
书　　号：ISBN 978-7-5678-0123-3
定　　价：280.00 元

如有印装错误　本社负责调换

编辑委员会

主　任：王学东

副主任：王德平　贾志坚　张有乾　范扎根　王宏晋　牛新文　史爱生　陈赵戟　苏长茂　智秀隆

委　员（按姓氏笔画排序）：

马红岩　马利荣　王子贞　王富明　王燕燕
兰太萱　冯成平　成永新　闫国庆　朱东宏
朱志平　刘守功　刘素泰　安　儒　孙爱萍
李　军　李东英　李树茂　李俊珅　李晓琳
杜飞彪　杨云峰　吴素贤　沙　宏　张　盛
张锁林　陈长森　房建殊　赵　峰　侯树森
高向东　尉为民　葛忠明　程　兵　曾随正
冀　康

特约撰稿人

（按姓氏笔画排序）

马存金　王安祥　王志胜　王明明　王建业
王春喜　王锦涛　牛福来　田高瑞　闫国庆
乔景云　乔瑞生　任志杰　安　耀　贠　云
孙玉杰　李　彤　李　峰　李亚峰　李景春
杜冬梅　杨　斌　杨春虎　杨素萍　杨淑莲
何砚宏　张　宁　张　涛　张晋瑞　张新良
陈　雷　范　瑞　周吉良　赵永春　侯建锋
高向东　郭小芹　黄海文　康世炳　梁贵青
尉为民　董其文　董树盛　程其勇　韩剑锋

编辑出版人员

总 编 辑：张有乾

副总编辑：吴素贤　兰太萱

编辑人员：岳青松　李　明　徐　靖　安　耀

目录

2 0 1 3 S X G S N B

序言

坚持求真务实　不断改革创新 推进全省国税事业新发展

（代序）

山西省国家税务局党组书记、局长　王学东

2013年，山西省国税系统在国家税务总局和山西省委、省政府的正确领导下，认真贯彻党的十八大精神，扎实开展党的群众路线教育实践活动，紧紧围绕服务科学发展、共建和谐税收的工作主题，夯实基础，改革创新，在建立健全税源专业化管理体系、纳税服务体系、执法监督体系上求突破，推动依法行政进一步规范、税收管理水平持续提高、队伍活力有效提升、工作作风明显转变，为山西省经济社会转型跨越发展作出了积极贡献。

圆满完成组织税收收入任务。面对严峻的经济税收形势，坚定信心，沉着应对，全力以赴，始终把组织收入工作抓在手上。通过强化税源调查、督导检查，大力推进税收分析、收入预测和税源监控，科学把握收入大局。严格落实依法组织收入原则，不断完善堵漏增收措施，加大评估稽查、欠税清缴力度，促进应收尽收，同时强化收入质量评价监控，促进收入质量提高。2013年全省国税系统共组织税收收入1158亿元，圆满完成税务总局和省政府确定的收入目标。

服务经济社会发展大局取得新成效。不折不扣落实结构性减税政策和各项税收优惠政策，全年共办理各项减免抵退税138亿元。大力扶持小微企业发展，免征增值税超过3000万元。积极服务全省转型综改试验区建设，争取到黄河饮用水有关税收优惠政策，支持太原武宿综合保税区顺利通过国家验收。围绕减轻煤炭企业税费负担、制定煤制油消费税政策等，积极提出政策建议，为上级决策提供参考。

税收管理质效得到进一步提升。坚持不断推进税源专业化管理，进一步完善管理职能、工作流程、运行平台和实施步骤。规范普通发票管理，强化征管质量考核。各税种管理切实加强，认真落实海关进口增值税专用缴款书“先比对后抵扣”管理办法，推行车购税新征管模式；强化预警分析与函调，严防出口骗税案件的发生；加强所得税税前审核、总分支机构管理，税源控管能力有了新的提高；国际税收管理成效显著，查办了全国最大一起境外股权转让反避税案，税额达2亿元。

稳步扎实推进各项税收改革。认真抓好“营改增”试点，确保税制顺利转换，让改革红利惠及企业，全省89%的试点纳税人税负下降。全面落实转变职能的各项要求，取消11项税务行政审批项目，将纳税人依申请事项由138项压缩为125项；大力推进税收法治建设，规范税务行政处罚裁量权，强化执法预警防控，加强执法分析，查处纠正违规行为2379项。进一步深化征管改革，加强税收风险管理，明确了省、市两级风险分析监控机制，获取外部门涉税信息近20万条，建立58个风险分析指标，评估风险纳税人1413户；着手推进“市级一级稽查”

体制改革，探索大企业税收专业化管理改革，在完善征管体制上迈出新步伐。围绕金税三期工程上线试点，集全系统之力，做了大量准备工作，保证了系统按时上线，并取得圆满成功，为全国积累了经验、树立了标杆，为山西省下一步深化改革打下坚实基础。

纳税服务工作有了新进步。积极探索涉税审批前移、纸质资料简并报送、“一窗通办”等工作，147 个办税服务厅全部实现标准化。进一步丰富多元化办税方式，全省一般纳税人有 5.8 万户实行网上申报，自助办税终端业务量达 44.5 万笔。广泛开展税法宣传服务，依托税务网站、12366 纳税服务热线、纳税人之家等载体，为纳税人释疑解惑。推进办税公开，积极维护纳税人合法权益，畅通监督渠道，解决好纳税人反映的问题，提高了纳税人满意度。

干部队伍素质和活力更加提高。坚决贯彻中央八项规定及一系列配套制度，从改进文风会风、清理办公用车用房等具体问题切入，从“禁贪禁懒禁散”发力，坚持正风肃纪，激发干部进取精神。加强领导班子建设，选好配强各级班子，推进领导干部综合考核评价、巡视监督，增强了班子战斗力。加强干部队伍建设，广泛开展文明创建活动，抓好分级分类培训、税收管理业务标兵竞赛、领军人才选拔等工作，队伍整体素质有了新提高。强化党风廉政教育，深化内控机制建设，狠抓案件查处，促进了干部廉洁自律。与此同时，在省局机关深入开展党的群众路线教育实践活动，聚焦反对“四风”，真学、真查、真改，把为民务实清廉主题落到实处。活动开展以来，省局积极统筹安排各类会议、调研和检查，精简会议 15 个，压缩“三公”经费 80 多万元，筹集资金 4421 万元用于改善基层条件，共整改问题 23 项，取得了阶段性成果。

2013 年是极不平凡的一年。全省各级国税机关面对发展变化新形势，沉着应对各种复杂局面和问题，国税工作实现了难中求进、稳中有为，常规工作不放松、重点工作有亮点，受到了税务总局和山西省委、省政府领导的充分肯定。回顾一年的奋斗历程，全省国税系统众志成城、奋勇拼搏，有“三个难忘”尤为深刻：**难忘的是“组织收入中的挑战与决心”**。一年来，省局坚持以服务发展为己任，紧紧扭住组织收入工作不放，冷静分析复杂局面，着力加强统筹指导，先后召开6次组织收入座谈会，对减收严重的24个县局进行重点督导，深入50多户重点税源企业开展调查，并从堵塞漏洞、创新管理、严厉打击涉税违法行为等方面采取一系列措施，坚决向征管要收入。各级国税机关不讲条件、不怕困难，严格落实省局部署，苦练内功，深入挖掘征管潜力，全力缩小收入缺口，全年入库各类查补税款26亿元，体现出全体税务干部为国聚财、为民收税的坚定信念以及积极应对、战胜困难的决心和勇气。**难忘的是“‘营改增’和金税三期工程上线中的众志成城”**。“营改增”扩大试点、金税三期工程上线，时间跨度大，工作涉及面广，参与部门多。各级各部门秉承团结协作的优良传统，加强上下联动、注重部门协同，心往一处想、劲往一处使，力克一个又一个难关，实现了“营改增”平稳过渡、金税三期顺利上线。为如期完成任务，全系统近万名干部职工奋战一线，不分昼夜，不计得失，无私奉献，有许多可歌可泣的感人故事。“营改增”试点准备中，接收试点纳税人1.7万多户，培训纳税人1.6万多人次，对12个应用系统进行40余次升级；金税三期上线期间，采集和维护初始化记录57万条，人工清理错误数据55万余条，先后5轮迁移数据。这些数字展示了全系统工作成果，背后则凝聚了广大干部职工的无数心血和智慧。**难忘的是“作风建设中的令行禁止”**。从制定实施八项规定，到开展群众路线教育实践活动，从加强制度建设，到指向月饼、贺卡、会所的禁令，中央对干部作风一抓到底，紧抓不放。全省各级国税机关牢记“两个务必”，以作风建设为切入点，从严管理、从严监督，排查作风之弊，清除行为之垢。广大国税干部令行禁止，从自身做起，端正行为，改进作风。

2014年是全面深化改革的开局之年，是山西省转型跨越发展的攻坚年。我们将紧紧围绕新时期税收工作主题主线主旋律，求真务实、深化改革，坚持依法行政，推进税收管理体制机制创新，确保组织收入质量有新提高、确保税收改革有新突破、确保管理服务质效有新提升、确保干部队伍作风有新转变，推动全省国税事业新发展。

2 0 1 3 S X G S N B

一 山西国税概况

山西省国家税务局是山西省主管国家税收工作的职能部门，为正厅级全职能局，实行垂直领导的管理体制。主要负责山西省境内增值税、企业所得税、消费税、储蓄存款利息个人所得税和车辆购置税的征收管理工作。目前，国家税务总局核定全省国税系统干部职工编制11758名（行政编制10820名，事业编制938名）。

截至2013年底，山西省国税局机关机构设置如下：（1）内设机构17个：办公室、政策法规处、货物和劳务税处、进出口税收管理处、所得税处、收入规划核算处、纳税服务处、征管和科技发展处、财务管理处、采购中心、督察内审处、人事处、巡视工作办公室、教育处、监察室、国际税务管理处、大企业税收管理处，另设机关党委办公室、离退休干部处。（2）直属机构2个：稽查局、直属税务分局。（3）事业单位5个：信息中心、机关服务中心、税收科学研究所、注册税务师管理中心、山西省税务干部学校。此外，省局还设有太原培训中心、忻州培训中心、五台培训中心、印刷厂。

截至2013年底，山西省国税系统机构总数713个。按机构类型分：（1）各级国税局机关136个：省局1个，市局11个，县（市、区）局124个；（2）直属机构153个：稽查局130个，直属税务分局12个，车辆购置税征收管理分局10个，大企业税收管理分局1个；（3）派出机构258个：税务分局188个，税务所70个；（4）事业单位166个：信息中心136个，机关服务中心13个，税收科学研究所1个，注册税务师管理中心1个，票证中心11个，培训中心4个。

截至2013年底，山西省国税系统共有在职干部职工11989名，其中：男7663人，占63.9%；女4326人，占36.1%。从人员身份看：公务员11223人，占93.61%；事业干部229人，占1.91%；工人537人，占4.48%。从政治面貌看：中共党员8276人，占69.03%；共青团员252人，占2.10%；民主党派28人，占0.23%；无党派或群众3433人，占28.64%。从文化程度看：大专以上文化程度10669人，占88.99%（其中，研究生249人，占2.08%；大学本科6712人，占55.99%；大学专科3708人，占30.93%）；中专481人，占4.01%；高中（技校、职高）679人，占5.66%；初中及初中以下160人，占1.33%。从年龄结构看，51岁以上的人员占25.37%；41~50岁年龄段人员占46.39%；31~40岁年龄段人员占19.11%；30岁以下占9.13%，全省国税系统在职干部职工平均年龄为44.4岁。省局机关共有在职干部职工238名，平均年龄为45.01岁，副处级以上干部96人。

截至2013年底，山西省国税系统负责征收管理的各类纳税人共362749户。分税种看：增值税纳税人353346户，其中增值税一般纳税人65251户，小规模纳税人288095户；企业所得税纳税人107411户，消费税纳税人1269户。分经济类型看：国有企业5538户，集体企业5755户，股份合作企业2112户，联营企业63户，有限责任公司75229户，股份有限公司1822户，私营企业60706户，其他内资企业6342户，港澳台商投资企业385户，外商投资企业697户，外国企业 17户，个体经营203123户，其他企业960户。

2013年，全省国税系统共组织税收收入1158亿元，圆满完成国家税务总局和山西省政府确定的收入目标，为经济社会转型跨越发展提供了有力的财力保障。

■ 2013 年山西省国税系统正式人员统计表

单　位	个　数	人　数
局 机 关	136	7191
直属机构	153	2291
派出机构	258	1741
事业单位	166	766
合　计	713	11989

■ 2013 年山西省国家税务局局领导情况表

职　务	姓　名	任现职时间
局　长	王学东	2012.05.10
副 局 长	王德平	1997.09.30
纪检组长	贾志坚	2006.11.24
副 局 长	张有乾	2010.12.30
副 局 长	范扎根	2011.09.29
总会计师	王宏晋	2011.09.29
总审计师	牛新文	2011.09.29
副巡视员	张华隆	2011.01.21—2013.10.15
	高献文	2011.01.21—2013.08.12
	陈建中	2011.12.08—2013.11.18
	史爱生	2012.05.10
	陈赵戟	2013.09.30
	苏长茂	2013.09.30

■ 2013 年中共山西省国家税务局党组领导情况表

职　务	姓　名	任现职时间
党 组 书 记	王学东	2012.05.10
党组副书记	王德平	2012.11.26
党 组 成 员	贾志坚	2006.11.24
	张有乾	2006.01.22
	范扎根	2011.09.29
	王宏晋	2011.09.29
	牛新文	2011.09.29

2 0 1 3 S X G S N B

二 领导关怀

中共山西省委书记袁纯清（右）在太原会见国家税务总局党组书记、局长王军（左）

国家税务总局党组书记、局长王军（中）在中共山西省委常委、太原市委书记陈川平（前排右一）的陪同下到山西省太原市小店区国税局调研指导工作

国家税务总局党组书记、局长王军（右一）在山西省国税局调研指导 12366 纳税服务热线工作

2013 年 8 月 1 日，国家税务总局党组书记、局长王军带领税务总局有关司局负责同志，到山西督导检查“营改增”扩大试点工作，并就落实小微企业税收优惠政策和金税三期工程上线运行准备工作进行调研。期间，王军还先后到山西焦煤集团有限责任公司、山西省电力勘测设计院调研了解企业运营情况，并主持召开 6 家不同行业纳税人代表参加的“营改增”座谈会，听取纳税人的意见和建议。

国家税务总局党组成员、副局长王力（左一）出席在太原举办的“经济社会与税收制度发展”高层研讨会

2013年4月19日，国家税务总局党组成员、副局长王力出席在太原举办的由中国国际税收研究会、中国税务杂志社、山西省国家税务局、山西省地方税务局、山西省国际税收研究会共同主办的“经济社会与税收制度发展”高层研讨会，并作重要讲话。

国家税务总局党组成员、副局长宋兰（右二）深入山西省太原市杏花岭区国税局调研慰问

2013年1月23日—24日，国家税务总局党组成员、副局长宋兰参加山西省国税局2012年度党组民主生活会，并主持召开工作调研座谈会。期间，宋兰还深入太原市杏花岭区国税局办税服务厅看望和慰问基层税务干部职工，并代表税务总局党组向全省税务系统广大干部职工表示亲切慰问和良好祝愿。

中共山西省委常委、常务副省长高建民（中）到山西省国税局调研指导工作

2013年5月9日，中共山西省委常委、常务副省长高建民深入省国税局进行工作调研。调研期间，高建民实地观看了山西国税12366纳税服务中心运行情况和“山西国税发展巡礼展览”，看望并慰问省局干部职工，代表省委、省政府对大家的辛勤工作表示感谢。

2 0 1 3 S X G S N B

三 基层调研

2013 年 7 月，山西省国税局党组书记、局长王学东（前排左一）一行深入朔州市右玉县国税局调研指导工作

2013 年 7 月，山西省国税局党组书记、局长王学东（前排右一）一行深入大同市大同县国税局调研指导办税服务工作

2013 年 1 月，山西省国税局党组副书记、副局长王德平（前排右一）一行深入吕梁市临县国税局调研指导工作

2013 年 3 月，山西省国税局党组成员、纪检组长贾志坚（左二）一行深入忻州市国税局调研指导工作

2013 年 10 月，山西省国税局党组成员、副局长张有乾（中）一行深入大同市国税局直属税务分局办税服务厅现场察看金税三期工程上线运行情况

2013 年 7 月，山西省国税局党组成员、副局长范扎根（前排左）一行深入运城市国税局调研指导工作

2013 年 10 月，山西省国税局党组成员、总会计师王宏晋（前排右一）一行深入晋城市城区国税局调研指导工作

2013 年 8 月，山西省国税局党组成员、总审计师牛新文（前排右二）一行深入长治市襄垣县国税局调研指导工作

山西省国税局副巡视员张华隆（左二）一行深入临汾市国税局经济技术开发区税务分局调研指导工作

山西省国税局副巡视员高献文（右一）深入忻州市国税局调研指导工作

山西省国税局副巡视员陈建中（左一）一行深入朔州市国税局调研指导工作

山西省国税局副巡视员，太原市国税局党组书记、局长史爱生（中）一行深入太原市迎泽区国税局调研指导工作

山西省国税局副巡视员陈赵戟（左二）一行深入企业开展工作调研

山西省国税局副巡视员苏长茂（中）一行深入长治市国税局调研指导工作

2 0 1 3 S X G S N B

四 重要会议和重点工作

全省国税工作会议

2013年1月17日，全省国税工作会议在太原召开。会议学习传达了全国税务工作会议精神及全省经济工作会议精神，全面总结了2012年国税工作成绩，安排部署了2013年的主要工作任务。山西省国税局党组书记、局长王学东作了题为《认真贯彻落实党的十八大精神　努力开创全省国税工作新局面》的工作报告。会议指出，2013年全省国税系统要认真贯彻落实党的十八大精神，紧紧围绕服务科学发展、共建和谐税收的工作主题，夯实基础，改革创新，在建立健全税源专业化管理体系、纳税服务体系、执法监督体系上求突破，推动依法行政进一步规范、税收管理水平持续提高、队伍活力有效提升、工作作风明显转变，在新起点上为全省经济社会发展作出新贡献。

山西省国税局机关 2012 年度工作总结大会

2013 年 2 月 5 日，山西省国税局召开省局机关 2012 年度工作总结大会。会议通报了 2012 年度省局机关各处室、单位和个人受上级表扬、表彰、奖励的情况，表彰了 2012 年度文明和谐建设先进单位和先进个人。会议号召全体干部职工以更加饱满的热情，更加昂扬的精神，更加扎实的作风，开拓进取、勇于拼搏，努力开创省局机关工作新局面。

山西省国税系统党风廉政建设工作会议

2013年3月12日，山西省国税系统党风廉政建设工作会议在太原召开。会议传达贯彻全国税务系统党风廉政建设工作会议、全省党风廉政建设干部大会和省纪委十届三次全会精神，回顾总结2012年工作，安排部署2013年党风廉政建设和反腐败工作任务。山西省国税局党组成员、纪检组长贾志坚作了题为《坚持惩防并举　注重求真务实　努力开创党风廉政建设和反腐败工作新局面》的工作报告。山西省国税局党组书记、局长王学东作了重要讲话。会议对2013年全省国税系统党风廉政建设和反腐败工作作出安排部署。

全省国税系统"营改增"试点工作动员会

2013年5月14日，山西省国税局召开全省国税系统"营改增"试点工作动员会。会议传达贯彻全国"营改增"扩大试点工作会议精神，通报了全省"营改增"试点工作前期准备工作情况，全面部署了全省国税系统"营改增"试点工作任务。山西省国税局党组成员、副局长张有乾作了题为《精心组织　狠抓落实　确保"营改增"试点工作顺利推进》的工作报告。山西省国税局党组书记、局长王学东作了重要讲话。会议对全省国税系统"营改增"试点工作进行了安排部署。

全省国税系统金税三期工程上线工作动员会

2013年6月18日，山西省国税局召开全省国税系统金税三期工程上线工作动员会，安排部署金税三期工程上线工作。会议传达贯彻了国家税务总局党组书记、局长王军在金税三期工程试点工作汇报会上的讲话精神。山西省国税局党组成员、总审计师牛新文宣读了《山西省国家税务局金税三期工程上线实施方案》。山西省国税局党组书记、局长王学东作了重要讲话，就进一步提高思想认识，做好金税三期工程上线的各项工作提出要求。国家税务总局征管和科技发展司司长李林军出席会议并提出指导意见。

全省国税系统上半年工作汇报会

2013 年 7 月 18 日，全省国税系统上半年工作汇报会在太原召开。会议认真总结了 2013 年上半年工作，分析了工作中存在的问题，提出了下半年工作打算。山西省国税局党组书记、局长王学东作了重要讲话，对 2013 年下半年的重点工作作出安排部署。

山西省国税局机关党的群众路线教育实践活动动员大会

2013 年 7 月 22 日，山西省国税局召开党的群众路线教育实践活动动员大会。山西省国税局党组书记、局长、教育实践活动领导小组组长王学东对山西省国税局机关开展党的群众路线教育实践活动作动员部署。税务总局第四督导组组长王月仙作重要讲话，副组长王福临就有关事项作出说明。山西省国税局党组成员、纪检组长、教育实践活动领导小组副组长贾志坚宣读了《省局机关党的群众路线教育实践活动实施方案》。

山西省国税局党组专题民主生活会情况通报会

2013年11月5日，山西省国税局召开党组专题民主生活会情况通报会。山西省国税局党组书记、局长王学东通报了山西省国税局党组专题民主生活会情况，山西省国税局党组副书记、副局长王德平主持会议，税务总局第四督导组有关人员、省局机关副处级以上干部以及直属单位主要负责人出席会议。税务总局第四督导组副组长王福临对山西省国税局党组专题民主生活会给予充分肯定。

山西省国税局党组中心组第七期（扩大）学习会

2013年11月18日，山西省国税局在省局机关召开党组中心组（扩大）学习会，传达学习了《中国共产党第十八届中央委员会第三次全体会议公报》《中共中央关于全面深化改革若干重大问题的决定》。山西省国税局党组书记、局长王学东主持会议，并就贯彻落实全会精神作出部署。

全省国税系统处级干部学习党的十八届三中全会精神研讨班暨省局党组中心组第八期（扩大）学习会

2013 年 12 月 5 日—6 日，山西省国税局在省局机关举办全省国税系统处级干部学习党的十八届三中全会精神研讨班暨省局党组中心组第八期（扩大）学习会，邀请省委党校教授赵公社对十八届三中全会精神进行了解读，山西省国税局各处室、单位主要负责人、各市国税局局长就学习贯彻十八届三中全会精神做好 2014 年工作进行了发言，山西省国税局党组书记、局长王学东作重要讲话。

2013 年 10 月 8 日，金税三期工程在山西成功上线

金税三期工程上线工作

金税三期工程是国务院批准的“金”字头国家级电子政务工程，是税务系统全面提高税收征管质量和效率的战略性任务。国家税务总局于 2009 年正式启动金税三期；2010 年全面实施建设；2013 年初，山西省被国家税务总局确定为金税三期首批试点单位。山西省国税局按照税务总局统一部署，攻坚克难，砥砺奋进，发扬“责任、激情、协作、奉献”

的“金三精神”，充分展现国税干部勇于担当、充满激情、团结协作、无私奉献的精神风貌，经过不懈努力和顽强拼搏，圆满完成了试点工作任务，为全面提高全省税收征管质量和效率奠定了坚实的基础。国家税务总局局长王军、副局长宋兰高度重视金税三期工程上线工作，先后亲临山西调研指导并多次作出重要批示。2013 年 8 月 1 日，国家税务总局党组书记、局长王军到山西省税务干部学校省国税局、省地税局金税三期工程工作集中地调研指导工作并看望慰问金税三期工程一线税务干部。8月2日，王军局长作出重要批示：**“宋兰同志，我昨天在山西现场看了，很是感人、很受鼓舞。望所有将士，再加一把劲，取得圆满成功！请代向所有参加三期扩点工作的同志们转达我的敬意和感谢！抄荣发同志。”**国家税务总局党组成员、副局长宋兰 8 月 2 日批示：**“请工程办将王局长批示传达‘两山’，以确保‘金三’上线的成功，回报王局长对大家的鼓励、鞭策和关怀。”**10 月 9 日下午，王军局长给山西省国税局局长王学东打电话，询问金税三期工程上线运行情况，祝贺山西省国税系统金税三期顺利上线、平稳运行，慰问和感谢奋战在金税三期工程一线的干部职工和工程技术人员，希望大家继续努力，确保金税三期工程平稳运行，同时要认真总结金税三期工程试点的问题和经验，为金税三期工程下一步推广提供借鉴。10 月 11 日，王军局长在《金税三期工程山西、山东省上线首日（10 月 8 日）情况汇报》上批示：**“同志们辛苦了，我代表局党组和百万税务干部向你们致敬！成绩巨大、隐患尚在、潜力更大，望同志们再接再厉，确保第一个周期的平稳安全，随之系统研究如何升级、如何产品化、如何更好更快推进金税三期及征管改革。我的责任是为同志们提供一个良好的干事创业平台，出些许小问题是难免的，我们大家都理解。一定要避免出大问题，一定要持续性改善。”**

按照税务总局“做好试点、提炼经验、转移知识”的总体要求，全省国税系统以贯彻王军局长“明责聚力，攻坚克难，打好打胜金税三期工程扩大试点攻坚战”讲话精神为动力，以按时上线为目标，强化领导，统筹安排，全力推进，确保了金税三期系统顺利上线并平稳运行。一是及时成立工作领导组和组建上线团队。1 月 8 日，税务总局金税三期试点工作部署会之后，省局立即成立金税三期试点领导组和办公室，着手组织架构、工作环境、上线整体方案等前期准备工作。2 月 26 日，省局金税三期试点办核心工作团队正式组建并开展工作，各市局随后相应组建成立金税三期试点办核心团队，确保金税三期各项准备工作有序开展，为全省金税三期工程提供了有力的组织保障。二是扎实完成系统初始化工作。按照“金税三期要与税收征管改革相配套、与流程优化相结合”的初始化工作思路，以持续改进、提升质量为主线，以代码体系、岗责体系和工作流设置为重点，完成了 351 种业务岗位、485 项工作流、70 类业务代码和参数设置，全省国税系统共采集和维护初始化记录 57 万条。三是扎实完成数据迁移工作。按照“保上线、保质量、保核算”的原则和“有选择性全库迁移”的数据迁移思路，完成了代码比对、数据表结构差异分析、数据清洗补正、管户确认、迁移脚本编写和系统上线验证工作。先后完成五轮数据迁移，全省国税系统比对代码 41087 项，核实历史数据 251 类 1.2 亿条，人工清理错误数据 55 万余条，成功迁移数据表 261 张、数据项 4.8 亿条，实现了历史数据会统核算报表在新旧系统的无缝衔接。四是扎实完成操作培训演练工作。按照全员培训、全员演练、全会操作的工作任务思路，省、市两级国税局先后组织 60 期 3000 人次的师资培训，县（市、区）国税局完成 6800 人次的基层操作培训。开展本地适应性测试、试点单位小范围双轨测试、全系统全功能模块测试和三轮全员真人实景业务操作演练及四轮人工压力测试，提出 11 项金税三期补偿业务需求，为顺利上线扫清了障碍，奠定了坚实的基础。五是扎实完成 9 个本地特色软件的联调测试工作。按照甲乙双方协作有效、提早接口开发、搞好环节测试、实现顺畅衔接的工作思路，先后完成了网上申报、机打票系统等 9 个本地特色软件的关联关系分析、升级改造、接口程序开发、内部测试、实验室联调；组织抽调人员专门组成外围软件测试团队，开展 9 个本地特色软件与核心征管软件联通性测试；

完成税务总局保留的增值税防伪税控系统和货运发票系统的双轨测试；在大双轨阶段率先完成业务操作测试，顺利实现本地特色软件与金税三期平稳衔接。六是顺利完成单轨割接工作。进入单轨割接阶段后，按照统筹安排、搞好协调、抓住关键、确保上线的工作思路，积极做好上线公告工作，在正式上线前一个月，通过电视、电台、报刊、网络发布公告，并在公共场所、办税大厅等张贴公告，确保纳税人有充分时间提前办理相关涉税事宜，最大限度减少因核心征管软件系统上线给纳税人造成的影响。先后完成车辆购置税提前上线、圈定纳税人业务验证、系统缓冲运行等关键工作，实现了综合征管系统向核心征管系统的平滑过渡。

2013年10月8日，山西省金税三期核心征管、决策一包、个人税收管理、外部信息交换系统成功上线；2014年1月1日，决策二包风险管理系统成功上线。从系统运行情况来看，金税三期经受住了基本业务实践的考验，核心征管系统运行平稳，外围软件衔接顺畅，业务处理同比环比运行稳定。特别是会统报表入库数据和金库对账基本一致，充分反映出全省初始化设置、数据迁移、演练测试等工作的质量和水平。

2013年9月23日，金税三期车辆购置税业务在全省国税系统提前成功上线

金税三期工程上线运行仅仅是开始，山西省国税系统将深入贯彻落实税务总局领导批示精神，以金税三期已上线系统为依托，深化数据升值利用，推进上线系统优化和后续系统上线工作，努力建设"国际先进、中国特色"的金税三期工程，为税收事业科学发展、跨越发展、长远发展插上金色的翅膀。

2013 年 9 月 1 日，山西省“营改增”纳税人成功申报

“营改增”试点工作

国务院决定自 2013 年 8 月 1 日起，在全国开展交通运输业和部分现代服务业营业税改征增值税试点。根据财政部、税务总局和省委、省政府统一安排，从 4 月份起，全省各级国税机关凝心聚力，奋力拼搏，扎实推进“营改增”试点工作，如期完成各项工作任务，实现了试点纳税人平稳过渡，试点工作平稳有序运行，试点纳税人 8 月 1 日顺利开具发票、9

月1日完成申报缴税，取得了阶段性成果。2013年8月1日，国家税务总局局长王军莅临山西调研督导“营改增”试点工作，并给予充分肯定。12月4日，国务院决定自2014年1月1日起将“营改增”试点扩围至铁路运输和邮政业。全省国税系统继续发扬“钉钉子”精神，狠抓落实，扎实推进，积极做好各项准备工作，确保铁路运输和邮政业“营改增”试点纳税人顺利过渡。

一、加强组织实施

为了统筹推进全省“营改增”试点工作，省局结合实际，制定《山西省国家税务局营业税改征增值税试点工作实施方案》和11个配套子方案，采取“倒计时”的方式，分动员准备、业务准备、模拟运行、正式运行四个阶段开展工作。制定《山西省国家税务局营业税改征增值税试点工作任务分解计划表》，将试点工作涉及的100余项工作任务按时间进度进行分解，明确了各阶段工作任务、时间安排、目标要求。召开全省国税系统“营改增”试点工作视频动员会，对试点工作进行了周密部署和广泛动员。建立工作周报制度，实时了解各地试点工作开展情况，畅通沟通协调渠道，做到了责任部门工作进度实时反映，责任领导实时督导，出现问题实时解决，使各项工作件件落实到岗、事事落实到人。全省各级国税机关按照省局试点工作的整体部署，逐项落实工作目标、工作时限，实行节点问责，确保了“营改增”试点各阶段、各环节工作无缝衔接、顺畅运行。期间，省局多次与对口支援单位北京市国税局强化沟通，学习经验，解决政策疑问和操作难题，并组织5个督导组对各市的试点工作进行了重点督导，了解各地工作进展情况，深入重点行业和企业征求意见和建议，全面掌握全省“营改增”试点工作进度。8月1日，国家税务总局党组书记、局长王军莅临山西省调研督导“营改增”工作，深入太原市小店区国税局办税服务厅现场了解“营改增”工作的准备情况，主持召开山西省电力勘测设计院等6家不同行业纳税人代表参加的“营改增”座谈会，听取纳税人的意见，与纳税人共同测算“营改增”后税负变化情况，共商企业发展良策。9月17日，省国税局党组书记、局长王学东主持召开东方航空股份有限公司山西分公司等10户企业代表参加的“营改增”座谈会，听取不同行业、不同规模纳税人的意见，现场解决纳税人在“营改增”实施中遇到的问题。9月19日，山西省国税局党组书记、局长王学东深入太原市迎泽区办税服务大厅调研督导“营改增”首个征期申报工作。

二、推进征管准备

与财政、地税等部门召开联席会议，研究解决相关问题，联合下发《“营改增”试点征管事项衔接方案》，确定了“地税全面排查、省局层面交换、国税基层确认”的管户交接方式。与省地税局联合制定了《关于营业税改征增值税试点发票衔接有关事项的通告》，就试点纳税人发票使用、发票领用、纳税人结存发票过渡等事项进行了明确，确保了纳税人在试点期间发票使用不断档。制作了《山西省纳税人与“营改增”试点地区纳税人增值税有关政策衔接宣传材料》，下发到各市国税局，并在基层办税服务厅内张贴，确保纳税人熟悉掌握相关税收政策。同时，各市、县国税局在当地新闻媒体、办税服务厅公示纳入“营改增”试点范围的纳税人名单，并逐户深入企业进行信息采集、一般纳税人认定等工作。省局在原有票种的基础上，增加了出租汽车发票、山西省公路内河客运补充客票等部分普通发票票种并向社会公告，满足了试点纳税人经营活动需要。按照企业在用普通发票规格、样式、用量基本不变的原则，根据地税机关提供的普通发票票种核定信息，安排布置试点纳税人普通发票购票资格、票种和用量的初始核定、机打发票开具方式确认、发售工作及涉及税务登记证号调整的纳税人发票专用章更换工作。此外，省局为全省国税系统所有办税服务厅配备了代开设备，最大限度方便纳税人代开货运发票。全力做好“营改增”相关系统设备的采购和技术支持保障工作，制定下发《技术保障实施方案》，认真排查基础环境隐患，查找和整改单点故障，确保全省“营改增”基础平台和基础环境准备就绪。召集山西网通、移动、电信三大运营商，完成全省网络线路的巡检。结合全省现有设备和环境情况，增配和扩容设备，搭建模拟运行环境，保障培训和模拟运行。按时间进度完成综合征管软件、网上申报、税控系统等的升级、联调测试工作，做好硬件设备和网络带宽的压力测试。按照税务总局要求，安装部署了“营改增监控运行平台”，做好数据上传准备。详细制定技术应急预案，认真做好各系统的风险评估，加强网络与信息安全管理。

三、做好政策服务

全省各级国税机关因地制宜，依托办税服务大厅、信息网络等平台，有针对性地开展政策宣传工作，积极营造浓厚的宣传氛围。省局在内外网站设立“营改增专栏”，及时发布相关政策规定、纳税指南和工作动态。全省147个办税服务厅通过设置“营改增”咨询台、“营改增”办税窗口，现场提供政策咨询解答，确保了纳税人能准确执行相关政策。编写下发《山西省营业税改征增值税业务培训教材》《山西省营业税改征增值税纳税指引》《山西省纳税人与“营改增”试点地区纳税人增值税有关政策衔接宣传材料》等培训宣传教材6万余份。为确保试点纳税人晓政策、知流程、会操作、能申报，各级国税机关组织开展了形式多样的“营改增”培训、辅导活动。全省共计举办相关业务培训班100多期，培训干部6000多人次，纳税人16000多人次。制作《山西省营业税改征增值税试点工作25问》宣传手册，免费向全省试点纳税人发放。充分发挥12366纳税服务热线的咨询主渠道作用，设置辅导区配备专人从事咨询辅导工作，整理编发12366“营改增”知识库，多渠道方便试点纳税人获取政策信息。研究解决基层在工作中遇到的问题，共下发了7期问题解答，解答问题450余条，利用微信平台交流解决相关问题560余条。

四、加强监控分析

建立健全信息和数据分析报送机制，着手开发“营改增”试点运行分析系统，按月对全省试点总体运行情况进行评估，跟踪分析试点纳税人税负变化情况，深入研究“营改增”对稳增长、调结构的作用效应和相关影响。全省各级国税机关共撰写分析报告20余篇，省局向税务总局报送“营改增”运行情况分析4期。高度关注涉税舆情，及时掌握舆论动态，及时引导化解矛盾，为“营改增”工作的平稳运行营造良好的舆论环境。针对“营改增”后可能带来的增值税发票虚开风险，高度重视，提前预见，及早预防，下发《货运业代开增值税专用发票公告》，制定相关办法，明确货运企业车辆及油耗的抵扣条件。加强试点企业的风险预警，及时向下推送100余户疑点企业，认真查找征管薄弱环节和风险隐患，加大稽查工作力度，为试点顺利实施营造良好环境。

2013年8月1日0点5分，山西领先大屏文化传媒有限公司成功开出全省第一张现代服务业增值税专用发票；0点6分，山西顺源物流贸易有限公司成功开出全省第一张货物运输业增值税专用发票，0点7分，太原市小店区办税服务厅成功为纳税人代开出全省第一张货物运输业增值税专用发票。2013年9月16日征期结束，所有试点纳税人全部完成了申报缴税。为全面落实好“营改增”试点扩围至铁路运输和邮政业的各项任务，确保100户铁路运输企业和367户邮政企业2014年1月顺利开出发票，按照税务总局的统一安排，全省国税系统积极有序地开展了各项前期准备工作，梳理试点工作内容及步骤，涉及省税务机关38项任务、市县级税务机关25项任务。同时制定出工作时间表、路线图，实行主要领导负责制，将各项工作任务分解到部门到岗位，责任落实到人员，实现各应用系统的顺利运行。

“营改增”推行以来，持续释放了改革红利，在推进全省经济转型升级中起到了积极作用。截至2013年12月底，山西省纳入“营改增”试点2.63万户，入库增值税9.01亿元。试点纳税人整体减少税收0.86亿元，全省89%的试点纳税人税负下降，原增值税一般纳税人新增应税服务抵扣4.66亿元，有力地促进了山西省产业转型和结构调整。

2 0 1 3 S X G S N B

五 组织收入

凝心聚力迎难而上　圆满完成收入任务

2013年，山西省宏观经济下行压力加大，经济增速放缓，主导税源持续萎缩，企业利润大幅下滑，国税部门组织收入工作形势严峻。面对困难，全省各级国税机关坚定信心，迎难而上，圆满完成国家税务总局和省政府调整确定的收入目标，为全省转型跨越发展作出了积极贡献。

一、2013年全省国税收入完成情况

全省国税收入完成1158.1亿元，完成税务总局调整计划的100%，同比下降12%，减收158.6亿元。其中：地方级收入完成299.44亿元，完成省政府确定目标的100.1%，超收4400万元。

分税种看：国内增值税完成841.57亿元，同比下降13.65%，减收133.06亿元，其中“营改增”收入完成9.01亿元；企业所得税完成206.72亿元，同比下降12.91%，减收30.65亿元；国内消费税完成43.47亿元，同比增长0.3%，增收1298万元；储蓄存款利息个人所得税完成1160万元，同比下降52.85%，减收1300万元；车辆购置税完成66.24亿元，同比增长8.31%，增收5.08亿元（见图1）。

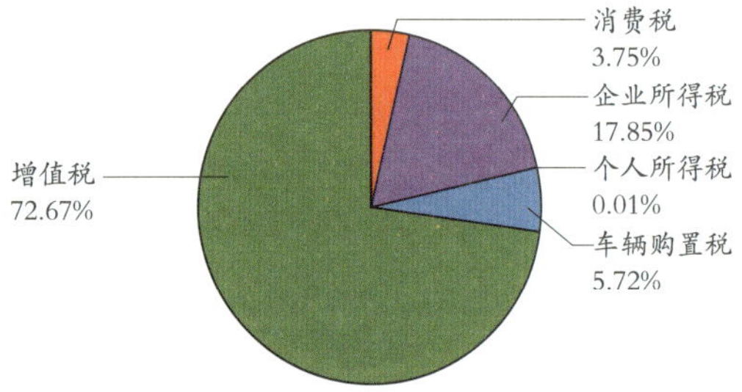

图1　2013年山西省国税收入分税种构成图

分级次看：中央级收入完成858.65亿元，同比下降13.35%，减少132.33亿元；地方级收入完成299.44亿元，同比下降8.07%，减少26.3亿元。地方级收入中，省级收入完成89.97亿元，同比下降7.93%，减少7.75亿元；市级收入完成96.4亿元，同比下降4.01%，减少4.02亿元；县级收入完成113.09亿元，同比下降11.39%，减少14.53亿元（见图2）。

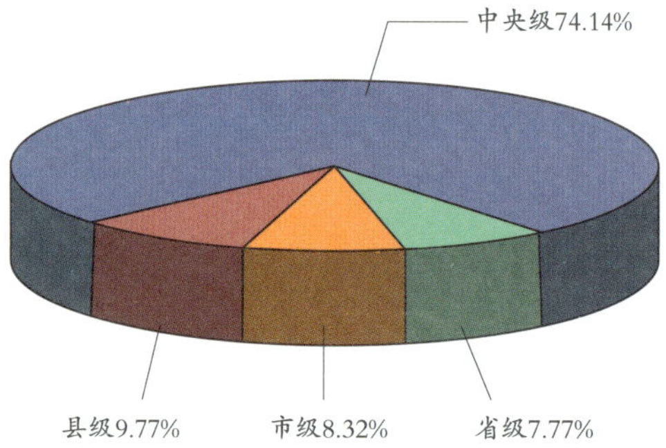

图2　2013年山西省国税收入分级次构成图

分行业看：煤炭生产行业税收完成486.41亿元，占税收收入的比重为42%；商业行业入库124.63亿元，比重为10.76%；电力行业入库83.47亿元，比重为7.21%；煤炭运销行业入库42.25亿元，比重为3.65%；机械行业入库30.49亿元，比重为2.63%；钢铁行业入库26.64亿元，比重为2.3%；焦炭行业入库22.42亿元，比重为1.94%；建材行业入库18.87亿元，比重为1.63%；化工行业入库15.1亿元，比重为1.3%；有色金属行业入库9.36亿元，比重为0.81%（见图3）。

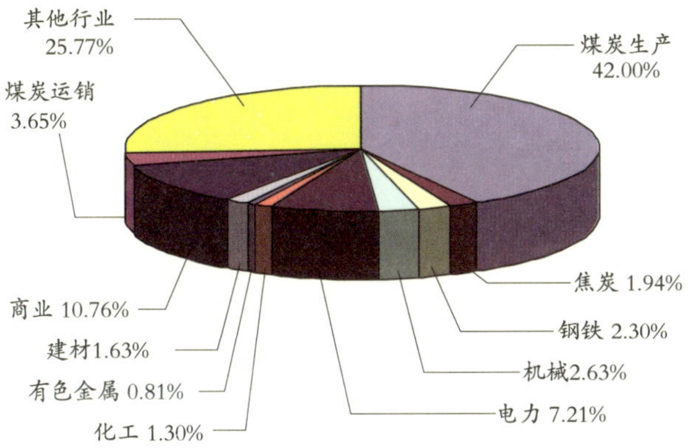

图 3 2013 年山西省国税收入分行业构成图

二、税收优惠政策落实情况

（一）国税收入减免情况

2013 年，全省国税系统共减免税收 30.91 亿元，同比增长 8.99%，增加 2.55 亿元（2006—2013 年减免税情况见图 4）。

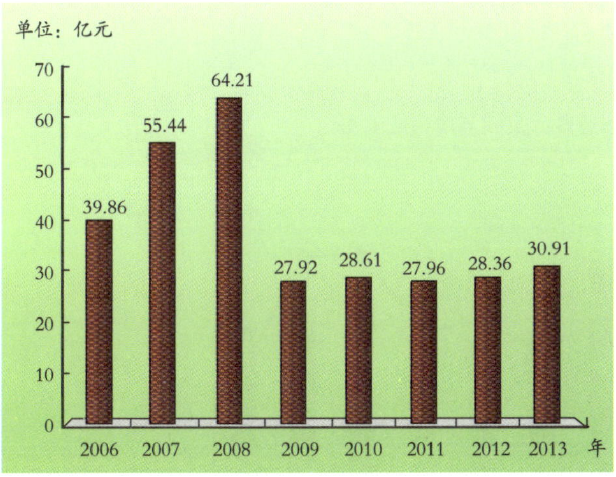

注：自 2009 年开始，减免税统计口径剔除增值税固定资产进项抵扣

图 4 2006—2013 年山西省国税系统减免税情况图

1. 按减免税种划分：增值税减免 23.62 亿元，同比增长 61%，增加 8.95 亿元；消费税减免 2390 万元，同比下降 20.17%，减少 604 万元；企业所得税减免 4.53 亿元，同比下降 58.16%，减少 6.29 亿元；车辆购置税减免 2.52 亿元，同比下降 1.76%，减少 453 万元。

2. 按减免性质划分：残疾人就业减免 4.59 亿元，同比下降 10.07%，减少 5139 万元；高新技术企业减免 1.69 亿元，同比增长 47.15%，增加 5418 万元；其他减免 24.64 亿元，同比增长 11.43%，增加 2.53 亿元。

（二）出口退（免）税情况

2013 年，税务总局分配山西省出口退税计划 18.61 亿元，免抵调库指标 13 亿元，实际办理出口退（免）税 31.05 亿元，同比增长 19.92%，增加 5.16 亿元。其中：出口退税 18.61 亿元，同比增长 37.41%，增加 5.07 亿元；免抵调库 12.44 亿元，同比增长 0.72%，增加 887 万元（2006—2013 年出口退（免）税情况见图 5）。

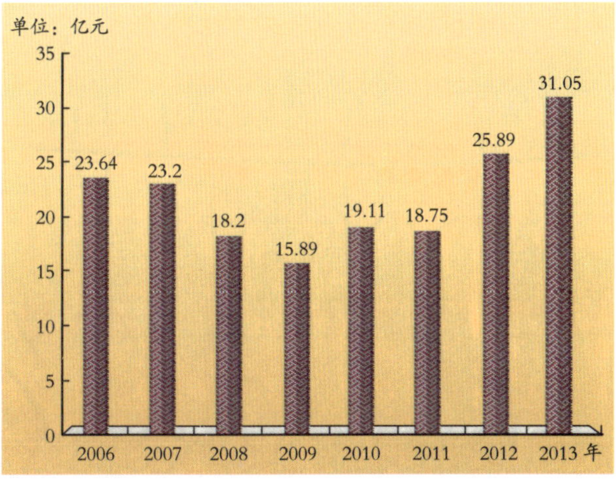

图 5 2006—2013 年山西省国税系统出口退（免）税情况图

三、2013 年全省国税收入特点

（一）税收总量有所回落。2013 年收入规模较 2012 年、2011 年分别减少 158.6 亿元和 86.6 亿元。从收入增幅看，2013 年延续了 2012 年的下滑态势，继 2009 年后再次出现负增长（2003—2013 年收入情况见图 6）。

（二）累计增幅持续负增长。2013 年月度收入仅 3 月、10 月、11 月实现增长，其中增幅最高的 10 月份增长 9.05%；有 9 个月出现下降，其中 5 个月降幅在 15% 以上，降幅最高的 1 月份下降 28.6%。受此影响，2013 年收入累计增幅持续负增长，但降幅呈现逐步收窄态势，由 1 月份的 28.58% 收窄至 12 月份的 12%（见图 7）。

（三）主导行业减收严重。重点行业中，煤炭生产、钢铁、焦炭、化工、机械和煤炭运销六大行业税收下滑，降幅依次为 24.85%、20.19%、5.45%、2.34%、0.48%、34.65%，合计减收 192.03 亿元，其中煤炭生产及运销行业减收 183.53 亿元，超出税收收入减收总额 24.9 亿元；电力、有色金属、建材、商业四行业实现增收，增幅依次为 24.17%、2.52%、2.3%、2.16%，合计增收 19.54 亿元，其中电力行业增收 16.25 亿元（重点行业入库税收情况见表 1）。

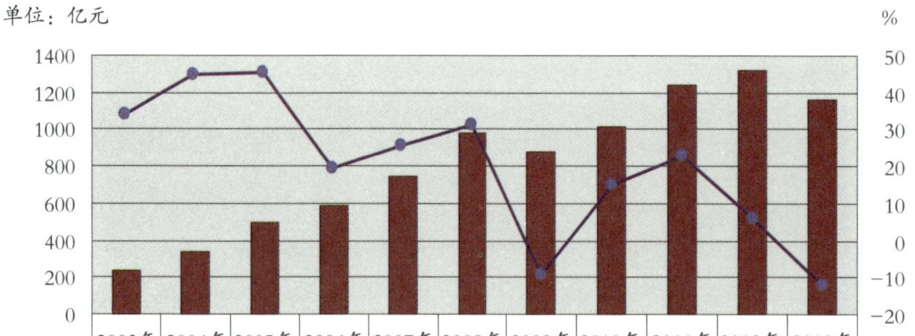

	2003年	2004年	2005年	2006年	2007年	2008年	2009年	2010年	2011年	2012年	2013年
年度规模	235.06	340.51	496.09	592.33	745.17	977.14	884.46	1014.7	1244.7	1316.7	1158.1
年度增幅（%）	34.06	44.86	45.69	19.4	25.8	31.13	−9.48	14.73	22.67	5.78	−12

图 6　2003—2013 年山西省国税年度收入规模与增幅变动图

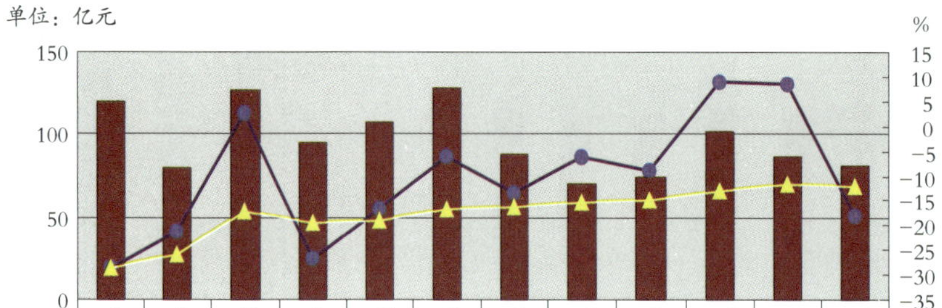

	1月	2月	3月	4月	5月	6月	7月	8月	9月	10月	11月	12月
月度规模	119.2	79.54	126.1	95.46	107	128.5	87.96	70.14	74.2	101.8	86.7	81.43
月度增幅（%）	−28.6	−21.4	2.62	−26.9	−16.5	−5.91	−13.3	−5.96	−8.96	9.05	8.38	−18.2
累计增幅（%）	−28.6	−25.9	−16.9	−19.4	−18.8	−16.6	−16.2	−15.4	−14.9	−13	−11.6	−12

图 7　2013 年山西省国税月度收入规模、增幅和累计增幅变动图

■ 表 1　2013 年山西省国税系统重点行业入库税收情况表

单位：亿元

行　业	收入完成	同比 ±%	同比 ± 额
合　计	859.64	-16.71	-172.46
煤炭生产	486.41	-24.85	-160.84
焦　炭	22.42	-5.45	-1.29
钢　铁	26.64	-20.19	-6.74
机　械	30.49	-0.48	-0.15
电　力	83.47	24.17	16.25
化　工	15.1	-2.34	-0.36
有色金属	9.36	2.52	0.23
建　材	18.87	2.3	0.42
商　业	124.63	2.16	2.64
煤炭运销	42.25	-34.65	-22.40

（四）市域收入普遍下降。全省 11 市除运城市、太原市分别增长 23.26% 和 2.6% 外，其余 9 市税收收入均出现下降，按降幅排名依次为阳泉市 29.62%、大同市 24.84%、吕梁市 24.31%、忻州市 17.71%、长治市 15.7%、晋中市 9.85%、朔州市 9.42%、临汾市 7.67%、晋城市 5.95%（见表 2）。

■ 表 2　2013 年山西省国税系统税收收入分市完成情况表

单位：亿元

项　目	收入完成			全省排名	
	金　额	同比 ±%	同比 ± 额	规　模	增　幅
全　省	1158.1	-12	-158.6	—	—
太　原	231.96	2.6	5.87	1	2
大　同	109.47	-24.84	-36.19	5	10
阳　泉	50.36	-29.62	-21.2	11	11

（续表）

项目	收入完成			全省排名	
	金额	同比 ±%	同比 ± 额	规模	增幅
长治	121.51	-15.7	-22.62	3	7
晋城	104.81	-5.95	-6.63	6	3
朔州	113.7	-9.42	-11.82	4	5
忻州	61.95	-17.71	-13.33	9	8
晋中	89.48	-9.85	-9.78	7	6
吕梁	144.16	-24.31	-46.3	2	9
临汾	78.36	-7.67	-6.51	8	4
运城	52.34	23.26	9.88	10	1

（五）收入规模全国排名处于中游。从全国情况看，2013年山西国税收入规模居第20位；中部排名居第5位，仅高于江西；与邻近省份比较，落后于河北和陕西，高于内蒙古（见表3）。

表3 2013年中部六省及周边省份国税收入完成情况表

单位：亿元

省份		收入完成			全国排名	
		金额	同比 ±%	同比 ± 额	规模	增幅
全国合计		58603	9.1	4906	—	—
中部六省	河南省	1564	5.5	81	12	26
	湖北省	1670	10.7	162	9	12
	山西省	1158	-12	-159	20	36
	安徽省	1326	6	76	17	24
	湖南省	1507	12.7	170	14	5
	江西省	872	12.1	94	24	8

（续表）

省份		收入完成			全国排名	
		金额	同比 ±%	同比 ± 额	规模	增幅
相邻省	河北省	1679	0	1	7	31
	陕西省	1490	1.9	28	15	29
	内蒙古自治区	1105	-0.4	-4	21	32

四、各县（市、区、分局）国税收入完成情况

2013年，全省国税系统158个县（市、区、分局）共完成各项税收收入1158.1亿元。其中：税收收入在5000万元以下（不含本数）的征收单位有9个，共完成税收2.49亿元，占全省国税收入总额的0.22%；在5000万元以上、1亿元以下（不含本数）的有12个，共完成税收9.31亿元，占全省国税收入总额的0.8%；在1亿元以上、5亿元以下（不含本数）的有75个，共完成税收202.71亿元，占全省国税收入总额的17.5%；在5亿元以上、10亿元以下（不含本数）的有31个，共完成税收228.29亿元，占全省国税收入总额的19.71%；在10亿元以上的有31个，共完成税收715.32亿元，占全省国税收入总额的61.77%。

五、重点税源企业纳税情况

2013年，全省纳税额在5000万元以上的企业共351户，同比减少65户。351户企业共缴纳税款678.28亿元，占全省税收收入总额的58.57%，其中：缴纳增值税494.21亿元，缴纳消费税39.41亿元，缴纳企业所得税144.57亿元。351户企业分布在31个行业，其中：煤炭开采和洗选业182户，占5000万元以上企业户数的51.9%，完成税收397.97亿元，占5000万元以上企业纳税额的58.67%，占税收总额的34.36%；电力、燃气及水的生产和供应业40户，占总户数的11.4%，完成税收62.01亿元，占5000万元以上企业纳税额的9.14%，占税收总额的5.35%；批发业34户，占总户数的9.7%，完成税收54.63亿元，占5000万元以上企业纳税额的8.05%，占税收总额的4.72%；货币金融服务业22户，占总户数的6.3%，完成税收24.12亿元，占5000万元以上企业纳税额的3.56%，占税收总额的2.08%；石油加工炼焦及核燃料加工业11户，占总户数的3.1%，完成税收10.87亿元，占5000万元以上企业纳税额的1.6%，占税收总额的0.94%；黑色金属冶炼和压延加工业10户，占总户数的2.8%，完成税收14.26亿元，占5000万元以上企业纳税额的2.1%，占税收总额的1.23%。

（张晋瑞）

把握重点统筹兼顾 全力提升规划核算工作水平

2013年，山西省国税系统收入规划核算工作紧紧围绕税务总局收入规划核算工作要求，牢牢扭住组织收入、税收分析、会统核算管理、重点税源监控等主要工作，统筹兼顾，齐头并进，较好地完成了各项工作任务。

一、加强协调督导，圆满完成税务总局、省政府调减确定的收入目标

2013年是自1994年国地税机构分设以来，全省国税系统组织收入形势最为严峻的一年，全省国税系统付出了超乎寻常的努力。省局两次下发做好组织收入工作的紧急通知，6次召开各市局组织收入座谈会，两次召开收入规模大、减收严重的24个重点县区局收入片会，深入50余户重点税源企业了解生产经营情况，研判经济税收走势，及早预测全年收入，多次向税务总局和山西省委、省政府汇报全省经济税源变化情况，得到有关领导的理解和认可。税务总局和山西省政府适时调减了全省国税收入计划，减轻了工作压力，夯实了税源基础。及时准确预测各月税收收入，积极主动掌握收入变化预期，全年月度预测准确率达到98%，年度预测准确率达到99.7%，为全省财政预算的平衡和完成起到积极作用，得到税务总局和山西省政府的充分肯定。积极发挥建言献策、服务地方经济发展的职能作用，向山西省政府专题呈报《关于建议增加有关发电企业指标扩大我省可用财力的报告》，得到山西省政府领导的认可。

在抓好组织收入工作的同时，严格组织收入工作纪律，进一步提高收入质量。为了杜绝虚收探收现象，省局组织了专题调查，重申了组织收入工作纪律，同时抽调骨干力量，对问题较为严重的个别单位进行了检查，并与当地政府领导进行了有效沟通，切实减轻了基层国税机关组织收入工作压力。

二、深化税收分析，以分析促征管，把握组织收入主动权

一是修订完善税收分析工作制度。制定下发《山西省国家税务局关于进一步加强税收分析工作的通知》和《山西省国家税务局关于深入开展重点税源分析工作的通知》，形成了较为系统的全方位分析体系。二是着力开展常规和专题分析。全年共编发税收分析报告10期，税务统计分析23期，经济税收要情1期。《煤炭税负深度分析》《煤炭行业需求低迷 税源前景不容乐观》两篇分析报告被税务总局《税收分析报告》采用，其中《煤炭税负深度分析》得到税务总局党组成员、副局长丘小雄批示。三是深入开展专项调查分析。组织完成1.2万户企业的税收调查和所有纳税人的减免税调查，形成11篇专项分析报告，其中《从税收角度看当前形势下山西经济发展的路径选择》等3篇报告，得到财政部和税务总局的好评。

2013 年 10 月 16 日，山西省国税局在长治召开全省国税系统重点县（市、区）组织收入工作（南片）座谈会

三、强化重点税源监控，查缺补漏，全力弥补组织收入缺口

根据税务总局《重点税源监控工作规程》，提出全省贯彻实施意见。对 17 个行业 490 户重点税源企业进行税负预警发布，通过征管科技部门推送和风险应对，评估入库税款、滞纳金、罚款合计 2073 万元，有效弥补了税收收入缺口。

四、依托金税三期，做好会统管理，夯实收入核算工作基础

一是加强与地税部门的协调与沟通，圆满完成全省所有纳税人大中小微企业划型工作。二是各类报表数据准确完整。全年上报税务总局的税收电旬报、电月报、会统等各类报表共计 500 余份，无一差错，被评为优秀等次。三是金税三期会统工作有序开展。圆满完成了系统初始化、历史数据迁移、会统数据核对、错误数据运维、报表数据产出等相关工作。四是票证管理规范有序。根据税务总局新的票证管理办法，制定下发了全省贯彻实施意见，并完成了新版税收票证的印制和下发工作，确保 2014 年 1 月 1 日新办法的顺利实施。五是配合法规处完成税务总局安排的小微企业税费负担及煤炭行业税费负担调查工作。六是编制完成了《2012 年山西省国税工作基本情况》《2012 年山西省税务统计（国税系统部分）》编写工作；举办全省新的票证管理办法及金税三期票证模块上线等业务培训；承办税务总局税务统计资料在山西集中编辑的相关工作。

（王锦涛）

2013SXGSNB

山西国税年报（2013）

六 依法行政

深入推进依法行政 促进法治国税建设

2013年，山西省国税系统政策法规部门认真落实“提升站位、依法治税、深化改革、倾情带队”的工作要求，牢牢把握依法行政这条税收工作生命线，深入推进依法行政，牵头做好综合税政，着力强化税收法治，为促进山西国税事业科学发展和服务经济社会转型跨越发展作出积极贡献。

一、提升站位，积极作为，服务转型综改工作持续推进

（一）编制部门实施方案。围绕2013年国税部门专项改革任务，在深入调研、科学论证、多方征求意见的基础上，编制了《山西省国家税务局关于山西省国家资源型经济转型综合配套改革试验2013年部门专项改革任务的实施方案》，方案对山西省国税局负责的专项改革任务进行了安排部署，进一步明确了工作目标、具体任务和推进措施，并将工作任务细化分解到具体处室和责任人。

（二）完善税收政策需求。结合山西实际，围绕转型综改试验区建设的税收政策需要，从争取有利于资源综合利用和促进循环经济发展的税收优惠政策入手，加强调查研究，组织召开主题为“更好地服务发展民生，促进转型综改试验区建设”座谈会，部署开展促进转型综改试验区建设税收政策专题调研。

（三）全力服务综改建设。积极加强同省财政厅、省地税局的沟通联系，密切工作协作，做好工作对接，形成有效合力。通过多种形式和途径积极向税务总局请示汇报，争取税务总局对山西在税收政策方面的更大支持。通过积极努力，解决了省内自来水企业购进黄河水增值税进项税额抵扣问题，有效减轻了企业负担，促进了经济社会发展。

二、突出重点，统筹推进，税收依法行政工作深入开展

（一）加强依法行政考核。在各市局自查自评的基础上，以省局案头考核和局领导带队深入基层实地核查相结合的方式，对各市局2012年度依法行政工作进行了全面考核。同时，各市局在本系统积极开展依法行政考核工作。通过考核，有效夯实了法治工作基础，规范了税收执法行为，推进了依法行政工作。2013年10月，省局作为特邀单位参加了省政府法制办组织的省委依法治省领导组依法行政联席会议暨依法行政经验交流会，并作为4个特邀单位的代表在会上作了经验交流发言。

（二）开展示范单位创建。按照税务总局和省委依法治省领导组的安排部署，积极开展依法行政示范单位、依法治理标兵单位和依法治理示范单位创建工作。省局结合实际，研究制定了山西省国税系统依法行政示范单位创建实施办法和评价标准。同时，通过县（市、区）局自主申报、市局实地评估、省局审核确定的方式，评选出11个县（市、区）局为“全省国税系统依法行政示范单位”。向省委依法治省领导组办公室推荐了1个省级依法治理标兵单位，3个省级依法治理示范单位。通过积极开展依法行政、依法治理示范单位创建工作，有效激发了基层开展创建活动的积极性，发挥了示范单位示范带动、典型引路的作用。

（三）规范税务行政审批。积极推进税务行政审批制度改革工作，对省、市、县三级国税机关现行税务行政审批项目进行了全面清理规范，要求全省各级国税机关不得违规设立或者变相设立税务行政审批项目，制定出台的税收规范性文件一律不得新设行政审批项目。同时，认真做好取消下放税务行政审批项目的落实和衔接工作，积极探索制定后续管理办法，做到管放结合。并按照税务总局安排，对全省国税系统2010—2012年三年间的税务行政审批及其管理情况进行了调研分析，上报了改进税务行政审批及其管理工作的建议。

（四）推进规范裁量权工作。为积极稳妥推进全省国税系统规范税务行政处罚裁量权工作，在充分借鉴兄弟省市先进做法、总结各地经验、广泛听取基层意见的基础上，结合全省实际，制定印发《山西省国税系统规范税务行政处罚裁量权实施办法（试行）》和《山西省国税系统规范税务行政处罚裁量权执行基准（试行）》，并选择在1个市局、4个

2013 年 11 月 12 日，山西省国税局邀请省局法律顾问、北京德恒（太原）律师事务所主任张培义为省局干部职工作依法行政讲座

县区局开展规范税务行政处罚裁量权试点工作。

三、牵头协调，加强调研，综合税政工作水平不断提升

（一）严格落实各项政策。全省各级国税机关牢固树立服务科学发展的理念，自觉站在服务经济社会发展大局的高度，充分利用办税服务厅、国税网站、QQ 群、微信等多种渠道，广泛深入宣传解读各项税收政策；认真抓好导税服务、全程服务、限时服务、延时服务、预约服务、提醒服务等制度的落实，不断加大政策宣传力度，优化纳税服务，不折不扣落实结构性减税和各项税收优惠政策，积极服务经济社会发展。

（二）积极开展政策调研。按照税务总局统一部署，认真开展小微企业税费负担调查和煤炭企业税费负担调查工作，通过对调查数据进行深入分析、认真研究，有针对性地提出完善税收政策的意见和建议；在全省范围内开展节能环保税收优惠政策落实情况的调查工作，为国家下一步调整完善节能环保税收优惠政策提出了建议；对“经济结构调整”“环境保护”“民生保障”和“推进改革”4 类共 14 项较为重大的税收优惠政策落实情况进行了全面自查。配合税务总局调研组，开展“联系群众服务基层”大调研活动，深入企业和基层税务机关进行实地调研，加强与纳税人、基层的沟通联系，全面了解纳税人和基层的诉求，掌握第一手资料，为完善政策、促进工作提供了依据。

（三）做好政策效应评估。根据税务总局部署，对全省国税系统促进就业税收政策落实情况进行效应分析评估，并上报了政策执行情况反馈报告。全年共上报税收政策执行情况简报 4 期，税收政策执行情况反馈意见 2 期。编发了《浅析发电行业固定资产进项税额抵扣管理中存在的问题与对策》《关于汽车销售行业税收政策执行情况的调查与思考》等 4 期《法治与政策调研》简报。通过对税收政策效应进行深入系统的分析评估，客观评价税收政策对经济发展的作用，及时反馈政策执行中存在的问题和建议，向税务总局和各级党委、政府建言献策，为领导科学决策提供参考。

四、严格把关，强化管理，税收法治工作得到有效加强

（一）加强规范性文件管理。认真贯彻落实税务总局《税收规范性文件制定管理办法》，加强税收规范性文件制定管理，规范制定程序，加强事前审核、事后备案和定期清理工作，着力提高税收制度建设的质量。2013 年，共对省局制定的 7 个税收规范性文件进行了合法性审核，并及时做好备案、网上发布及税务总局政策法规库维护工作。对各市局制定的 11 个税收规范性文件及时做好备案登记、审查监督工作。同时，按照税务总局要求，组织开展了《税收规范性文件制定管理办法》实施后评估工作，对其合理性、协调性、执行性和实效性进行了全面评估，为《办法》的进一步完善提出了可行性意见和建议。

（二）打造法律服务平台。2013 年，与北京德恒（太原）律师事务所签订了常年法律服务合同，聘请省内知名律师作为省局法律顾问，初步形成了专业律师与公职律师相结合的法律服务团队，为省局和全系统搭建了一个良好的法律服务平台。省局税收法律服务平台建立以来，在处理重大税务案件、行政复议诉讼案件、反避税案件以及有关法律问题咨询论证中发挥了重要作用，促进了省局依法、科学、民主决策，有效防范和化解了法律风险。

2013 年，晋中市国税局被中共山西省委依法治省领导组命名为省级依法治理标兵单位，太原民营经济开发区国税局等 3 个单位被命名为省级依法治理示范单位

（三）依法审理重大案件。全省国税系统认真贯彻落实《重大税务案件审理办法》，不断完善重大税务案件审理工作机制，实行集中审理前征求意见制度、案件执行情况反馈制度和案件审理情况通报制度，积极开展典型案例研讨，切实提高重大税务案件审理质量，做到依法审查、公正审理，既维护了税法尊严，又保障了纳税人合法权益。2013 年，全省各级国税机关共审理重大税务案件 176 起，其中维持稽查部门意见 144 起，占审理案件的 81.82%；退回复查 11 起，占审理案件的 6.25%；改变稽查部门拟处理意见 21 起，占审理案件的 11.93%。

（四）妥善化解行政争议。按照把矛盾化解在基层、化解在萌芽状态的理念，指导基层积极做好税务行政复议和应诉工作，妥善处理各类税务行政复议和应诉案件，充分发挥行政复议化解税务行政争议的主渠道作用，切实维护纳税人合法权益，促进征纳和谐，维护社会稳定。2013 年，全省各级国税机关共受理税务行政复议申请 1 件，撤销被复议具体行政行为 1 件，行政应诉案件 0 件。

（五）抓好法规干部培训。省局于 2013 年 10 月举办了一期全省国税系统法规科（股）长和公职律师培训班，邀请山西省高级人民法院、山西财经大学、太原理工大学、山西省委党校、北京德恒（太原）律师事务所等理论与实务界的专家教授，就“税收政策理论与实践”“税务执法中的证据与事实判断”等 6 个专题内容进行了详细讲解。培训紧密结合税收政策法规工作实际，帮助参训人员开拓了视野、活跃了思维、提高了能力，对进一步提升全省国税系统政策法规工作人员的综合素质起到了积极作用。此外，组织全省国税系统 269 名新录用公务员参加了 2013 年第二次全国税务人员执法资格考试，均分达到 79.5 分，比 2012 年度提高了 4.12 分。

（康世炳）

立足稽查职能发挥　保驾护航税收发展

2013年，山西省国税系统各级稽查部门以服务经济社会发展为导向，以查处重大涉税案件和开展各类税收检查为重点，紧紧围绕税收中心工作，充分发挥稽查职能作用，严厉打击各种涉税违法行为，着力整顿和规范税收秩序。全年，全省国税系统各级稽查部门共检查纳税人4711户，查补税款16.74亿元，为维护公平公正的税收环境、促进税收事业科学发展作出了积极贡献。

一、加强组织领导，全面开展各项税收检查工作

切实加强领导统筹，健全组织机构，在工作安排部署上科学分析、突出重点；在检查过程中及时督导、强化落实；在提高工作质效方面注重部门协作、形成打击合力，圆满完成各项检查工作。

（一）顺利完成税收专项检查工作

2013年，全省国税系统共组织开展税收专项检查工作4项，检查企业1632户，查补税款7.98亿元。一是成品油批发零售企业专项检查。按照税务总局2013年税收专项检查工作的部署和全省2013年稽查工作的总体安排，从5月13日起在全省范围内开展了对中石油和中石化企业的税收检查工作。全年共检查"两油"企业3811户，查补税款6586.65万元。二是办理电子、家具、服装类产品等出口退(免)税企业专项检查。在税务总局下发山西省10户疑点线索企业的基础上，确定了太原、大同、晋城、晋中、临汾、运城等市为重点检查地区，重点检查出口单价偏高的电子产品、高新技术产品以及市场价格差异较大的纺织服装、毛皮、家具等产品。全年共检查企业33户，查补税款1899万元。三是证券、基金公司专项检查。按照税务总局和省局相关工作安排，及时召开专题会议进行研究部署，同时协调省地税局成立联合检查组，采取由省局直接检查和督办的方式，对总部设在山西的证券、基金公司开展检查。全年共检查证券、基金公司27户，查补税款2159万元。四是经销钢材、水泥及水泥制品的建材经销企业专项检查。全年共安排部署对340个钢材、水泥和水泥制品经销企业的税收专项检查，查补税款2206.97万元。此外，在统一完成省局指令性专项检查项目的同时，各市局结合当地实际情况，有针对性地自行组织安排了各类行业性专项检查工作，共检查企业1191户，查补收入6.65亿元。

（二）有序推进重点区域税收专项整治工作

将长治市屯留县和忻州市宁武县确定为省级税收专项整治重点区域，采取省局全程督导、市级具体实施的方式，对区域内煤炭开采和煤炭运销企业开展税收专项整治工作。同时，其他各市局根据当地实际情况，选择农产品加工企业、矿产品（包括煤炭）采选经销企业及走逃、注销企业等虚开发票易发、多发行业开展区域税收专项整治。全年，全省各地开展区域专项整治共检查企业180户，查补税款5127万元，其中省级重点区域专项整治检查企业29户，查补税款434.21万元。

（三）扎实开展重点税源企业检查工作

一是全面开展税务总局重点税源企业检查工作。根据税务总局要求，组织开展了对中国铁路物资股份有限公司等6大集团企业在山西省设立的50户分支机构（或下属单位）的税务检查工作。根据企业自查情况，省局选择其中10户企业，组织相关市局进行了重点检查工作，查补税款共计200.72万元。二是认真做好全省重点税源企业检查工作。按照《山西省国家税务局分级分类稽查办法》的有关规定，在组织开展税务总局重点税源企业检查工作的基础上，在全省范围内选案筛选了118户重点税源企业，采取先自查后检查的方式开展了税收检查工作。全年共检查企业115户，实现查补收入2.33亿元，调减企业亏损1.14亿元。

（四）深入推进打击发票违法犯罪活动工作

积极协调省公安厅、省地税局等有关部门，在全省范围内开展了打击发票违法犯罪专项行动。省局先后发文专门部署安排在全省国税系统开展查处虚假发票竞赛活动，要求

2013年3月15日，山西省国税局、省地税局与省公安厅召开税警联席会

2013年5月24日，山西省国税局与省公安厅共同召开打击整治发票违法犯罪专项行动动员部署会议

2013年9月3日，山西省国税局与省地税局、人行太原中心支行共同签订合作备忘录

各市局结合专项检查和案件查处工作，在检查中做到“查账必查票、查案必查票、查税必查票”，严肃清理整顿虚假发票“买方市场”。同时，认真履行打击发票违法犯罪活动协调小组办公室工作职责，联合省公安厅、省地税局多次召开税警联席会议，对全省税警联合打击发票违法犯罪整治工作进行了全面动员和统一部署，并与省地税局、中国人民银行太原中心支行共同签署了合作备忘录，为推进税银双方在打击涉税违法犯罪活动方面的合作奠定了基础。2013年，全省打击发票违法犯罪专项行动共计检查企业5916户，查处违法企业3630户，查处非法发票38995份，查补收入4.82亿元；

协助配合公安机关立案 189 件，抓获犯罪嫌疑人 117 人，移送起诉案件 22 起；捣毁发票犯罪窝点 6 个，打掉团伙 1 个，缴获作案机器 6 台，缴获发票份数 1619817 份，涉税案件金额达 23 亿元。

二、强化日常管理，不断夯实稽查工作基础

（一）稽查工作制度逐步完善

先后制定下发《山西省国家税务局税务稽查选案实施办法》《山西省国家税务局税务稽查实施办法》《山西省国家税务局税务稽查审理实施办法》《山西省国家税务局税务稽查执行实施办法》和《山西省国家税务局税务稽查档案管理实施办法》等 5 个办法，进一步为规范有序开展税务稽查工作提供了制度保障。制定下发《山西省国家税务局违法普通发票联动查处暂行办法》，为进一步整顿和规范税收秩序，严厉打击利用普通发票进行涉税违法活动提供了统一的工作尺度。同时，围绕党的群众路线教育实践活动，就基层反映的多头进户重复检查、案件执行难等问题，进行了反复讨论研究，并多次派专人赴基层进行调研，提出了避免多头重复检查的意见和相应的整改措施。

（二）举报案件管理工作有序开展

坚持举报案件及时转办、不拖不压，认真督办、严格查处、及时反馈查处结果的工作思路，不断提高举报管理工作质效。一是对税务总局和省局督办的举报案件，要求各市局指定专人负责，直接查处，省局全程跟踪督办督导，保证案件的快查快结、查深查透。二是各市局接受的检举案件，严格按照省局工作要求，做到迅速查处、及时上报。2013 年，全省共受理公民举报涉税案件 92 件，其中，税务总局转办 20 件，省局直接受理 33 件，市、县局直接受理 39 件，查结 82 件，查补税款 727.17 万元。

（三）协查系统运行规范顺畅

按照“协查地就是案发地”的工作理念，严格落实“认识到位、管理到位、职责到位、处罚到位”工作要求，积极采取适时监控、紧急排障、定量分析、及时通报等措施，不断加大对全省协查工作的管理和督导力度，确保了协查工作顺畅运行。2013 年全省协查系统共委托发出协查发票 5063 份，委托收到协查结果发票 4437 份，委托收到有问题发票 1269 份；受托协查发票 10919 份，受托回复发票 10490 份，其中回复有问题发票 2109 份，通过协查系统实现查补收入 2438.94 万元。

（四）稽查档案管理水平明显提升

2013 年 12 月 4 日—5 日，在吕梁市国税局组织开展全省国税系统稽查文书及档案管理检查展评会，对各市、县局稽查局 2013 年度的 110 份稽查案卷进行了检查评比。通过稽查案卷展评，全省国税系统稽查执法质量有了整体性提高。主要表现在：一是基本消除稽查执法程序过错现象，执法风险得到有效控制；二是进一步规范制作使用稽查执法文书，执法水平有了全面提升；三是稽查案卷的立卷装订质量不断优化，案卷管理实现全省统一化、规范化管理。

（五）稽查工作考核项目不断优化

按照《山西省国税系统工作综合考核办法（试行）》的

2013 年 12 月 3 日—4 日，山西省国税系统稽查执法文书及档案管理展评会在吕梁召开

总体要求，结合近年来稽查工作考核情况，确定了2013年稽查工作考核内容。为促进各市局有针对性地整改，进一步细化了考核项目指标，将以往的11项考核内容细化为18项，采取年终从CTAIS系统提取数据案头审阅、按季通报和实地考核相结合的方式，对全省国税系统各级稽查部门工作开展情况进行认真考核，有力推动了稽查工作的深入开展。

（六）稽查人才培训教育更具针对性

以专业化、信息化为导向，以提高稽查工作效率质量和推进、提升全省稽查干部信息化应用水平为目标，2013年4月至5月，分两批组织全省稽查人才库100名稽查干部参加了为期15天的电子税务稽查专门业务培训。重点培训了信息化环境下有效运用电子技术、电子手段实施税务稽查的理论和方法，尤其注重对稽查干部熟练掌握和使用税收查账分析软件动手能力的培养，为打造一支适应新形势、新环境要求的专业化的稽查队伍奠定了基础。

（七）“稽查一体化”工作模式步入轨道

为全面提升稽查工作科学化、专业化管理水平，整合优化稽查资源，充分发挥稽查职能作用，2013年初，在连续两年试点并取得成功经验的基础上，各市局按照省局的统一工作部署和要求，“案源统一管理，检查统一实施，审理统一组织，人员统一调配，资源优化配置”的“全市稽查一体化”的新型稽查工作模式开始正式运行。“全市稽查一体化”工作模式运行近一年来，成果已初步显现，进一步规范了稽查执法，提高了工作质效。

（范 瑞）

强化督察审计监督　提升行政监督质效

2013年9月24日，山西省国税局完善执法监督体系座谈会在晋城召开

2013年，山西省国税系统督察内审工作以构建税收执法监督体系、完善督察内审监督机制为主线，突出监督重点，创新工作方法，强化成果运用，提升工作质效，充分发挥了督察内审“免疫系统”的作用。

一、深入开展调研，着力构建和完善税收执法监督体系

2013年，为推动全省国税系统税收执法监督工作的制度化、规范化和常态化，省局把建立健全税收执法监督体系作为重中之重，明确十项重点调研内容和调研提纲，在全省国税系统分阶段、有重点地部署开展调研工作。分别在晋城市国税局和大同市国税局组织召开部分市局调研座谈会，在忻州市国税局召开构建和完善税收执法监督体系科研课题研讨会，起草并修改完善了《构建和完善税收执法监督体系调研报告》。在体系框架上初步搭建了涵盖内部监督与外部监督、上级监督与本级监督、环节制约与链条控制的“大监督”体系格局，在制度机制上进一步健全了事前预防、事中控制、事后检查、整改落实、分析反馈“五位一体”闭环监督机制。

二、注重事前风险预防，积极推进税收执法预警防控系统建设

为有效防范和预警税收执法风险，推进全省国税系统内控机制信息化建设，一方面积极调研和指导太原市国税局对“税收执法预警防控系统”的内容、指标不断完善，另一方面与太原市国税局以及软件研发单位等多次召开会议，研究软件进一步推行工作。通过一个多月的前期准备、软件调整改造、召开推行部署会议、软件操作培训、集中安装等一系列工作，5 月初实现了软件在阳泉市国税系统的成功上线运行以及对全部 338 个执法岗位、130 个税收执法行为的全程监控预警和提示。2013 年，该系统在太原市、阳泉市国税局共面向基层预警、发布和处理执法风险信息 31.98 万条，最大限度减少了执法风险，被基层税务干部称为“税收执法小秘书”。同时，及时跟进金税三期上线及“营改增”工作进程，积极研究在金税三期环境下如何防范税收执法风险的问题，并提出一系列业务需求。

2013 年 6 月 4 日，山西省国税系统督察内审工作会议在太原召开

三、有效落实税收执法责任制，执法质量始终保持在较高水平

按照“防控结合、上下联动”的工作思路，有效落实税收执法责任制和省局制定的《税收执法管理信息系统执法考核子系统运行考核管理办法》，不断升级完善系统，加强税收执法考核。根据税务总局执法管理信息系统 11 号补丁升级后出现的新情况和新问题，对相关指标和功能进行了深入分析并提出改进建议，按税务总局要求完成全系统 12 号补丁的升级工作。同时，紧紧依托执法管理信息系统，坚持电子考核与人工考核相结合，加强对全系统执法行为的实时动态监控和定期考核，逐条审核分析系统原因、客观原因、操作失误和主观过错，定期下发考核通报。2013 年，执法管理信息系统考核发现和纠正执法过错 581 条，执法正确率 99% 以上。同时坚持有错必纠、有责必问，全年共对税务干部 3599 人次进行了过错责任追究，经济惩戒 9.7 万元。

四、建立税收执法分析制度，推动执法分析工作制度化、常态化

为进一步规范和加强税收执法分析工作，在充分调研、征求意见的基础上，制定下发了《山西省国家税务局税收执法分析制度（试行）》，明确疑点分析、问题分析、综合分析、专题分析、日常分析、年终分析等形式，并通过执法分析深入分析管理漏洞、薄弱环节、征管质量、纳税遵从程度、干部执法素质等内容，为领导决策、规范执法、强化管理、防范风险提供参考依据。2013 年共编制《税收执法疑点分析报告》1 期，《税收执法管理信息系统监控考核指标及功能分析报告》1 期，《税收执法督察综合分析报告》1 期，《税收执法督察专题分析报告》3 期，《税收执法督察分析案例》3 例，《税收执法质量分析报告》6 期。

五、统筹督察审计工作，形成“1 + 1 > 2”的合力和效应

一是整合各类督察审计项目。实行执法督察、财务审计、领导干部经济责任审计等“二合一”“三合一”的综合督审

中国税务报刊发山西省国税局远程执法督察经验做法

模式。二是及时报送相关部门统筹。在实施执法督察项目前，及时报送省局相关部门汇总统筹。三是统筹协调开展检查工作。根据税务总局确定的督察项目，与注册税务师管理中心一道对全省税务师事务所税务管理情况开展联合检查。四是避免同时进驻同一基层单位开展督察和审计。根据督察审计工作台账，对近年督察审计过的地方不再重复督审，同时充分考虑基层国税局办公场所和条件等因素，避免给基层增加额外负担。五是减轻基层和纳税人负担。能在已报送资料中获取的内容和信息不让基层重新填写；能在系统软件中查到的数据不让基层重新统计；能在税务部门核查清楚的尽量不到企业调查核实。六是最大限度压缩检查时间，提高检查效率。坚持白天检查，晚上开会、梳理问题、整理底稿，尽量提高效率，缩短时间。

六、深入开展税收执法督察，督察质量和效果不断提升

一是扎实做好查前准备。集中时间和力量编写《2013 年税收执法督察规范化操作指南》，对 11 个督察项目和 40 个执法管理环节从政策法规依据、督察审计要点、方式方法等方面进行了全面梳理、规范和明确。二是深入开展疑点分析。成立分析小组，运用综合征管软件、执法疑点信息库、实地调研等手段，对全系统 2011—2012 年的海量执法数据进行了逐条逐项分析和精细化筛选，筛选出执法疑点 7028 条，为精准开展执法督察和实地核查提供了“电子导航”。三是不断创新监督手段。坚持远程执法督察与疑点实地核查相结合，“规定动作”与“自选动作”相结合，“推磨式”检查与上级抽查相结合，深入开展执法疑点核查工作。省局对人机结合筛选出的涉及 3 个被督察单位的 1868 条疑点数据进行了实地检查和督导检查，发现并纠正执法过错 315 条。共对全系统 6680 条疑点数据进行核查，发现和纠正执法过错 2823 条。四是大力提升督察质效。2013 年，共对 241 个单位开展税收执法督察，发现 9 个方面 62 项 2502 个违规行为，纠正违规行为 2161 个；涉及税款、滞纳金 1.52 亿元，整改入库税额 1.49

山西省国税局开展综合督审工作

亿元；共制作执法督察报告238241份，下发执法督察意见（决定和结论）书138241份，提出督察意见和建议390条，制定整改措施387项。

七、全力做好财务审计工作，注重防范财务管理风险

一是审计前做好“两项准备”。结合财务工作实际，精心编写了《2013年财务审计规范化操作指南》，确定8个审计项目、53个财务管理环节为审计重点内容，并明确了政策依据和审计方法，确保了财务审计工作的程序规范和标准统一。周密制定全年审计工作计划，省局按照计划对吕梁市、晋中市和阳泉市国税局及其所属的6个县（市、区）国税局进行了综合财务审计，对发现存在的问题，提出了管理意见和建议，有力防范了财务管理风险。二是审计中突出“两个重点”。将“三公”经费、会议费、项目资金和公务卡使用等情况纳入重点审计范围并加大审计力度，坚决防止虚报费用和虚列支出，确保各项支出事项真实、数字准确、使用规范。全面安排部署了全省国税系统“三审”专项整治工作。2013年经过财务审计，共提出审计建议283条，已被审计单位采纳239条，制定整改措施177件，完善制度办法60件。

八、稳步推进经济责任审计工作，促进领导干部规范用权

一是在审计安排实施方面，坚持“先审后任”“先审后离”的原则，先后对晋城市国税局开发区税务分局、太原不锈钢产业园区国税局、吕梁市离石区国税局以及临汾市国税局局长进行了离任和任前经济责任审计。同时，按照年初经济责任审计工作计划，对阳泉市国税局开发区税务分局局长开展了任中经济责任审计。二是在审计内容方面，除对被审计领导干部所在单位税收管理和财务管理情况实施审计外，还将领导干部贯彻落实上级决策部署、本级重大经济决策和本人遵纪守法廉洁从政情况作为重点审计内容，增强了审计内容的科学性和针对性。三是在审计评价方面，根据审计发现的问题，结合被审计单位和领导干部实际，清楚界定领导责任、主管责任和直接责任，对领导干部本人履行经济责任情况给予科学准确的评价。四是在审计结果运用方面，实行了“三制”，即：公告制，及时将审计报告送达领导干部所在机关和本人；回访制，对审计问题的整改落实情况进行跟踪回访；归档制，审计结果送交人事、纪检监察部门归入领导干部个人档案和廉政档案，作为领导干部考核、任免、奖惩的重要依据。2013年，全省国税系统共对19名领导干部实施了离任经济责任审计，对13名领导干部进行了任中经济责任审计，共提出审计建议111条，被审计单位已采纳87条，制定整改措施58件，完善制度办法14件。

（李　彤）

2 0 1 3 S X G S N B

七 纳税服务

创新平台健全制度　优化服务提升质效

2013年，山西省国税系统纳税服务工作紧紧围绕“打基础、建机制、抓落实、求创新”的工作方针，以满足纳税人合理需求为导向，以纳税服务标准化、专业化、信息化、集约化建设为主线，以提高纳税人满意度和遵从度、构建现代纳税服务体系为目标，丰富服务内容、创新服务平台、完善服务机制、提升服务质效，不断推进纳税服务工作科学发展。

一、创新推进各类服务平台

全省国税系统不断创新纳税服务平台和征纳沟通渠道，一个标准化、品牌化、多样化的纳税服务平台体系基本形成，对各项纳税服务措施的有效落实起到了重要作用。

（一）深入推进办税服务厅转型

目前，全省147个办税服务厅已全部实现硬件标准化，并逐步实现由硬件标准化向软件标准化、由实体向虚拟、由单一向综合的全方位转型。2013年，办税服务厅功能有所拓展，人力资源有效整合，“一窗通办”“一站式”服务、审批前移、先办后审、同城通办、国地税联合办税和集约化办税等一系列服务项目在全省各县(市、区)国税局纷纷推行，有效减轻了征纳负担，涌现出一批示范单位，树立了办税服务厅标杆。

（二）优化12366纳税服务平台

修订、完善12366纳税服务平台中心座席日常管理制度、学习培训制度、服务工作规范、绩效管理办法、远程座席管理办法和知识库管理办法等，明确服务标准、业务流程、职责分工和绩效考核，理顺业务流转工作机制，初步形成了“省局集中座席、各市远程座席、基层咨询岗”三级联动和“电话、网站、短信”三位一体的“3+3”咨询服务平台。同时，进一步拓展业务范围，强化征纳沟通、信息收集、需求管理、数据分析等工作，促进12366纳税服务平台逐步由单一的咨询渠道拓展成为集咨询、宣传、查询、提醒、指引、监督、维权、评价等多种服务功能于一体的综合性平台。2013年12366纳税服务热线共受理咨询电话33491个，受理服务投诉电话26个，处理网上咨询195个；各基层办税服务厅通过12366现场受理咨询57706个，形成了覆盖全省各级国税机关的专业化纳税咨询、涉税查询、政策发布、信息推送渠道。

全省国税系统147个办税服务厅全部实现硬件标准化

（三）完善纳税服务网站功能

对省局门户网站进行了改版，以“一站两网”的形式，建设并开通了山西国税纳税服务网，为纳税人提供公告发布、政策查询、表单下载、申报认证、办税导航、纳税咨询以及维权投诉等服务，逐步实现办税服务厅工作的承接和转移。进一步完善税法宣传、纳税咨询、网上办税、涉税查询、在线学习、信用建设、权益保护、征纳互动等服务功能，做好纳税服务网站

山西省国税局打造现代化纳税服务平台

各栏目信息内容的维护管理；根据纳税人需求新增了“涉税风险提示”“税收优惠指引”“‘营改增’专题”等重点模块，开通了“网上咨询”和“服务投诉”等交互功能；结合金税三期纳税服务项目试点，进一步整合省以下网上服务功能，建设统一入口、资源集中、功能全面的山西国税纳税服务网，保证了纳税服务网内容的及时更新，增强针对性和实效性。

（四）开发完成短信平台

建立全省12366短信服务。顺利完成了应用部署、专线连通和功能测试等工作，搭建起了包括宣传通告、涉税咨询、事项提醒、服务投诉等功能的信息推送平台，截至2013年年底，全系统共向纳税人发送各类短信140万余条。特别是在金税三期上线期间，根据纳税人经营规模、结账期限、区域分布、信用等级和行业类型进行分类，全省通过省局12366短信息平台向纳税人发布金税三期办税安排通告信息共68万余条，引导各类纳税人分时段办理申报纳税事宜，避免出现纳税人拥堵，缓减了系统运行压力。

（五）推进“纳税人之家”征纳沟通互动平台建设

全面落实《关于创建“纳税人之家”征纳沟通服务品牌的指导意见》，全省绝大多数国税机关已挂牌成立了实体“纳税人之家”，并以“纳税人之家”为品牌建立QQ群、微博群等虚拟载体，围绕宣传、辅导、沟通等主题，积极开展活动。在省局加强纳税服务信息化平台建设的基础上，市、县两级国税机关精心打造专业化的“纳税人之家”，为纳税人提供个性化、全方位的纳税服务。同时，在“纳税服务动态”中反映“纳税人之家”的活动情况，每半年对各市局的活动以简讯、摘报等形式进行通报，有力促进了“纳税人之家”的建设。

二、不断健全纳税服务工作制度

以维护纳税人合法权益为抓手，以提高纳税人满意度和税法遵从度为目标，建立健全优化纳税服务的长效机制。

（一）服务制度更加完善

为推动纳税服务科学发展，解决工作中存在的突出问题，省局结合实际先后制定下发了一系列制度办法。下发了《12366短信服务平台管理办法（试行）》，短信平台的基本管理原则为：省局统管、多级应用、归口发布、各司其职。短信平台发送的短信分为自动发送、编辑发送和交互发送三种类型，自动发送类短信由省局统一设置模板，短信平台自动生成数据后由省局统一推送至主管税务机关，主管税务机关自主安排、定时发送，主要包括：申报提醒、催报提醒、催缴提醒、欠税提醒；编辑发送类短信由各级国税机关相关业务部门发起，自行编制短信内容，选择发送对象，设置发送时间，并按照规定流程审批后发送，主要包括：税法宣传、通知通告、渠道推荐、其他需要向纳税人推送的信息；交互发送类短信由纳税人发送，省级短信平台统一接收，按

全省国税系统着力建设“纳税人之家”

照统一模板回复并进行后续处理，主要包括咨询查询、调查评议、需求诉求、意见建议。纳税人可通过短信平台获取纳税咨询、涉税查询、意见建议等信息响应服务，方便了办理涉税事项。在创新服务方式的同时，借助通讯信息网络优势，为全省国税系统和纳税人建立了双向交互式信息服务渠道。下发《山西省国家税务局关于严格落实办税服务厅工作人员轮岗制度的通知》，从进一步提高办税效率，切实提升年轻干部的业务素质，鼓励其在窗口一线历练的目的出发，有效保障办税服务厅人力资源配置，进一步增强了基层办税服务人员的积极性和工作活力。

（二）服务机制更加顺畅

2013年，从省局到市、县局，普遍建立了纳税服务工作领导小组，并充分发挥职能作用，重点解决涉及多部门、全局性的纳税服务问题。省局通过领导小组会议，决策部署了纳税服务平台建设、精简涉税审批、配置加解密服务器等重要工作。建立纳税服务联络员制度，纳税服务工作的部门协调机制初步形成，协作更加紧密。通过联络员机制，共解答疑难转办问题38条，维护知识库内容20条，特别是配合“营改增”扩大试点和金税三期上线工作，及时在网站上发布信息，联合编发短信6次共57万余条，初步形成了各部门协调配合的大服务工作格局。

深入开展税法宣传

三、积极开展税法宣传咨询工作

全省国税系统切实丰富宣传载体、创新宣传内容，开展形式多样的宣传活动，收到了明显成效。

（一）努力发挥服务平台作用

2013年，积极参与税务总局“税法进万家”和“诚信兴商宣传月”等活动，各级国税机关借助办税服务厅、纳税人之家、网站、短信平台和12366纳税服务热线等载体，围绕新的税收政策、法律法规，主动为纳税人提供及时的税法宣传服务和个性化、权威性的纳税咨询服务。加大对服务平台、服务方式、服务渠道的宣传力度，进一步扩大了纳税人和社会公众对税收工作的认知度和参与度。

（二）积极开展税法宣传活动

各级国税机关坚持将集中宣传与日常宣传工作相结合，紧紧围绕税收政策宣传需要，规范宣传内容、广开宣传渠道，采取主动推送政策信息、发放宣传资料、举办专题辅导班、组织专题宣传活动等形式，开展丰富多样的、贴近生活的宣传活动，增强了宣传的及时性、主动性、针对性和实效性。全省国税系统共有39个单位开通纳税服务微博，97个单位成立“纳税人之家”，92个单位建立税企沟通互动QQ群，全省QQ群注册纳税人用户超过9000户。同时，不断强化纳税咨询工作，初步形成“座席＋远程”“座席＋专家”“热线＋网站”等灵活的纳税宣传咨询模式。

（三）认真做好“营改增”宣传工作

为确保全省“营改增”工作的顺利推进，全省各级纳税服务部门积极配合做好“营改增”期间的各项纳税服务工作。在办税服务厅，开设“营改增”专用窗口和绿色通道，设立“营改增”咨询专岗，安排骨干人员进行引导、辅导，准确及时解答纳税人疑问；充分利用12366纳税服务热线、“纳税人之家”、国税网站等各种宣传渠道，向纳税人广泛宣传“营改增”税收政策、办税流程、税负变化等，帮助纳税人尽早知悉“营改增”相关政策，指引和提醒纳税人正确办理“营改增”办税事项，进一步增强税法宣传的覆盖面和影响力。

四、不断提升服务质效

持续优化纳税服务，有效采取服务措施，

不断改进服务手段，大力提升税务干部的服务能力和水平，全省国税系统办税服务质效明显提升。

（一）大力推进信息化办税方式

全省各级国税机关为纳税人提供多种办税方式，大力推进网上申报、网上认证、网上抄报税、税库银联网划缴税款、POS 机刷卡缴税、自助办税等信息化办税方式，缓解了窗口办税压力，减轻了纳税人负担。全省全年共有 5.8 万户一般纳税人实行网上申报，占一般纳税人总户数的 89.7%；新配自助办税终端 48 台，通过自助办税终端办理涉税业务 34.6 万笔，认证增值税专用发票 44.5 万份，认证货运发票 5 万份。通过持续努力，一个“以网上办税为主、自助办税为辅、窗口办税为补”的办税服务新格局正在形成。

（二）持续优化办税服务

结合金税三期工程，把 2012 年以来省局优化办税流程的成果固化在征管软件之中，基本实现即受即办、先办后审的“一站式服务”。统筹推进涉税审批前移办税服务厅、纸质资料简并报送、“一窗通办”“同城通办”、自助办税、“免填单”、办税服务绩效考核等工作。积极推动办税服务厅监控系统建设，全面启动预约服务、延时服务、领导值班等办税服务制度，保持了良好的服务秩序。

（三）实行通报工作制度

先后对各市局自助办税终端使用情况、12366 平台运行情况、网上办税推行情况进行了通报，并指出问题、分析原因、提出要求，督促各地用足用好各类服务资源，进一步促进服务质效的提升。对各市局远程座席的接通率、服务质量、办结情况以及地方知识库的维护等服务情况进行考核通报，同时将远程座席的日常管理和服务情况纳入年度目标责任制考核，促进各市局远程座席管理工作的加强和改进。

（四）做好金税三期试点的纳税服务工作

在金税三期上线前后，全省各级纳税服务部门做好了纳税服务资源整合、优化流程、应急预案等各项工作，保证了新旧系统平稳顺利过渡。通过省局 12366 短信息平台向纳税人发布金税三期办税安排通告信息共 68 万余条，引导各类纳税人分时段办理申报纳税事宜，避免出现纳税人拥堵，减缓系统运行压力；各基层国税机关办税服务厅第一时间将上线运行中出现的情况梳理上报，确保了后台团队采取有效措施及时解决；成立风险应急团队，制定应急预案，对系统宕机、网络故障、办税服务厅拥挤等紧急情况进行提前安排和演练，确保办税服务厅井然有序。

指导纳税人使用自助办税终端

五、稳步推进纳税人权益保护

积极贯彻落实纳税人权益保护制度和相关要求，切实维护纳税人合法权益，保障纳税人的知情权、参与权、表达权、监督权等涉税权益，及时受理和妥善回应纳税人维权诉求。全年共受理纳税服务投诉 47 起，其中省局调解处理 3 起、转办 6 起，所有投诉都得到了及时解决、及时回复，做到“事事有回音，件件有落实”，切实保护了纳税人的涉税权益，有效沟通、调解和化解了征纳双方争议和矛盾。

（一）建立健全纳税服务监督、考核体系

注重与纳税人的日常沟通，力求从制度上、机制上及时发现、防范、制止和查处损害纳税人合法权益的行为。坚持定量考核与定性考核相结合、定期考核与日常监督相结合、工作通报与工作考核相结合，建立健全科学、规范、公平和可操作性的纳税服务监督、评价机制。目前，全省国税系统已普遍建立纳税服务定点监测网络。

（二）加强维权组织建设

全省各级国税机关积极建立或协助建立纳税人维权服务组织，通过成立“纳税人之家”“纳税人维权服务中心”，组建税收志愿者团队等多种形式的纳税人维权组织，切实保障纳税人权益、收集纳税人诉求、增进征纳沟通，纳税人权利保障机制得到不断健全和强化。

（杜冬梅）

2 0 1 3 S X G S N B

山西国税年报（2013）

八 税收管理

SHANXIGUOSHUINIANBAO

2013 年 8 月 1 日，国家税务总局党组书记、局长王军到山西省国税局金税三期税务干部学校办公基地视察

依托金税三期上线　提升征管科技水平

2013 年，山西省国税系统征管和科技工作紧紧围绕年度工作目标和任务，以金税三期工程上线为契机，以税收风险管理为导向，以税收征管改革、金税三期工程建设、风险分析监控和纳税评估为重点，大力加强信息管税，努力夯实征管基础，不断提高税收征管的质量和效率。

一、攻坚克难，确保金税三期顺利上线

金税三期工程是一项涉及面广、工作量大、动用人力多的庞大工程，从总体构架看，包括业务、应用、数据、基础设施、运维及安全等诸多方面；从工作内容讲，涉及征管、收规、发票、税政、稽查、信息中心等多个部门；从人力资源分析，在税务总局的组织领导和数十家 IT 企业的支持下，全省所有国税干部参与其中。全省国税系统以按时上线为目标，以保证质量为主线，以全员培训操作演练、业务测试和外围软件衔接为基础，以不断完善管理体制和运作机制为保障，通过运转顺畅的组织领导，务求实效的狠抓落实，艰苦卓绝的奋勇拼搏，创造性地开展一系列卓有成效的工作，确保了金税三期工程顺利上线，平稳运行。

（详见 P48“金税三期工程上线工作”）

二、稳中有进，加快深化税收征管改革步伐

2013 年，全省国税系统本着积极稳妥、稳中求进的指导思想，推进深化税收征管改革工作。一是出台全省深化税收征管改革指导意见，明确了全省深化税收征管改革的基本思路、主要内容和实施步骤。二是制定全省国税系统税源专业化管理实施方案，详细规定了开展税源专业化管理的指导思想、基本原则、管理机构和模式，明确了税源专业化管理职能、岗位职责、主要工作流程、运行平台和实施步骤。三是建立了以风险管理为导向，以风险分析、基础管理、纳税评估、税务稽查为主要内容的税源专业化管理岗责体系，并固化在金税三期核心征管系统之中。四是确定芮城县国税局为试点，启动以税收风险管理为导向、以建设现代化税收征管体系为目标、以组织体系全新设置为主要内容、以金税三期为支撑的全方位税收征管改革。

2013 年 7 月 29 日，国家税务总局党组成员、副局长宋兰到太原市小店区国家税务局调研金税三期上线情况

三、突出重点，强化税收风险管理

2013 年，全省各级国税机关以分类分级管理为基础，以税收遵从风险分析为突破口，以税源与征管状况分析和税收遵从风险分析为着力点，以缩小税收缺口为重点，不断推进风险管理，税收征收率明显提高。一是加强内外部涉税信息采集和交换工作。规范纳税人财务报表报送要求，将 197184 户次纳税人财务报表信息全部采集到金税三期核心征管系统中，财务报表采集率达到 98.78%，为风险分析监控奠定了数据基础。积极获取外部门涉税信息，从工商局获取采集到工商登记信息 19 万条，股权变更转让信息 5500 条。与省地税局、省工商局联合开展了股权转让信息共享情况联合调研工作。二是完善风险分析指标和纳税评估模型建设。利用核心征管基础数据和决策一包数据，建立了全省 59 个税收遵从风险分析指标、4 个微观税收流失缺口模型及等级排序规则，在决策二包中进行加载。建立了税务登记、发票

管理、申报征收、核定管理、风险应对和税种管理等六个方面共 32 项内部管理风险指标。以全省销售额在 1000 万元以上的零售业纳税人为样本，利用增值税税负、税负变动率与毛利变动率弹性系数、应税销售额变动率与应纳增值税额变动率弹性系数、营业收入毛利率差异率 4 个指标进行权重打分，建立零售业风险模型。三是推行决策二包风险管理平台。2014 年 1 月 1 日，金税三期决策二包风险管理系统在全省上线运行。各级国税机关利用决策二包"指标管理"和"风险管理"两个子系统开展风险分析工作，由系统自动推送各级国税机关开展分类应对，实现风险纳税人的定期扫描、等级排序和风险任务的自动推送、应对过程全程监控和绩效考核，有效提高了纳税评估的针对性和工作效率。四是加强风险推送和纳税评估工作。持续开展煤炭经销行业、重点税源企业、汽车销售行业和电力冶金等重点行业风险分析工作，利用利润额与应纳税额关联分析、税收优惠政策执行情况、增值税申报与防伪税控认证关联比对、成品油和运费发票抵扣等风险指标，筛选风险纳税人，根据风险等级高低分别实施纳税评估和税务稽查工作。全年共计评估 18873 户次，实现评估入库税款 27.58 亿元，占到 2012 年税收收入的 2%，纳税评估贡献率名列全国第二，受到了税务总局的通报表扬。

四、协同配合，做好"营改增"相关工作

全省国税系统严格按照税务总局统一部署，开展"营改增"试点纳税人接收确认、征管基础管理等一系列工作，确保了"营改增"试点工作顺利衔接实施。一是扎实做好"营改增"试点纳税人接收确认工作。研究制定了《山西省国家税务局关于做好"营改增"试点纳税人接收确认相关工作的通知》和《山西省国家税务局关于做好铁路运输和邮政业"营改增"试点纳税人确认相关工作的通知》等一系列办法，开展了两次"营改增"管户核实确认工作。二是扎实做好"营改增"纳税人信息录入工作。各级国税机关按照《综合征管系统"营改增"试点纳税人信息录入方案》要求，依照信息录入工作职责分工，统筹规划、周密部署，结合本地情况，集中人员、集中场地、集中时间，于 6 月底前完成了综合征管系统初始化、1.77 万户"营改增"纳税人信息录入以及数据核对补录等工作，确保"营改增"试点纳税人 7 月份能够正常办理各项税收业务。三是扎实做好"营改增"普通发票衔接工作。针对地税系统行业发票较多的特点，

2013 年 9 月 29 日，山西省国税局召开山西省国家税务局金税三期工程上线再动员会议。会议认真贯彻落实国家税务总局局长王军"9·26"山东讲话精神，动员全体税务干部再振精神、再鼓干劲，再接再厉，确保 10 月 8 日金税三期成功上线和平稳运行。

在满足试点纳税人合理用票需求及国税部门征管要求的基础上，与省地税局联合下发《关于营业税改征增值税试点发票衔接有关事项的公告》，明确了“营改增”试点纳税人发票使用种类、发票领用时间以及结存发票过渡处理办法。12月份，制定下发《山西省国家税务局关于铁路运输和邮政业营业税改征增值税发票使用有关事项的公告》，明确了铁路运输和邮政业试点纳税人发票使用事项。同时还重新修订了全省国税系统发票代码编制规则，满足了“营改增”新增发票要求。在此基础上，各级国税机关及时编制普通发票印制计划，做好“营改增”新增普通发票的印制、调拨、票种核定和发放工作，保障“营改增”试点纳税人普通发票领用需求。

（黄海文）

求真务实强化保障　科技创新深化引领

2013年，山西省国税系统税收信息化工作围绕“营改增”和金税三期试点，加强基础管理，做好技术支撑，推进安全防护，深化数据应用，保障系统运行，全面推动全省税收管理现代化进程。

一、克难奋进，全力做好金税三期上线的技术保障

一是积极做好基础环境保障。对省局中心机房进行针对性改造。改造后供电能力提高一倍，机房利用率大幅提升，有效缓解了机房的温湿度安全压力。对省局现有设备加强日常巡检，确保金税三期基础环境准备到位。二是做好金税三期项目实施。完成金税三期5个项目共计370台（套）设备及软件的部署和安装。为全省国税干部制作身份认证登录介质12000多套。参加金税三期安全技术和管理项目的方案研讨、标书编写，并承担了税务总局工程办的现场调研和方案编制工作，均圆满完成任务。根据金税三期工程项目要求，大力整合现有资源，调配各类设备47台，采购配套设备19台。三是做好现有设备及应用系统的运行维护。坚持双线作战，既保障了金税三期技术准备工作顺利开展，又保证了现有77个应用系统的软、硬件以及数据的安全平稳运行。积极做好相关自有软件的梳理，对9个保留软件进行升级测试，确保金税三期上线时各系统顺利衔接，协调运行。

二、高度重视，全力做好“营改增”试点技术保障

在“营改增”与金税三期两项重点工作时间重叠的双重压力下，省局信息中心克服时间紧、任务重、人手少的困难，保质保量地做好“营改增”技术保障。

一是认真制定方案，周密安排工作。制定技术保障方案和技术应急处理预案，将技术保障共61项具体工作进行分解，制定出详细任务时间表。二是积极做好相关准备工作。从基础环境、设备保障、税务端应用系统、纳税人端应用系统、税控类设备等方面进行了积极准备。召集山西三大网络运营商，共同制定试点期间全省国税系统广域网络保障事宜。搭建综合征管软件等相关11个应用系统的测试环境和培训环境，与业务人员一起进行了相关测试和验证。对相关的12个软件进行三轮同步升级，保障各系统及时切换。选派人员参加税务总局相关技术培训，搭建“营改增”应用分析系统，对“营改增”相关数据进行统计、汇总和上报。三是做好协调沟通。在山西国税信息化管理平台开通“营改增”专栏，保障上线期间问题及时处理。税务总局督导组领导莅临山西督导“营改增”试点上线工作时，对全省“营改增”技术保障工作给予高度肯定。

三、精心组织，确保综合办公信息系统顺利上线

一是制定方案，明确任务。制定总体推广方案和应急预

2013 年 8 月 2 日，国家税务总局“营改增”督导组领导实地察看山西省国税局中心机房

案，以及详细的《数据采集方案》和《数据迁移方案》。制定任务时间表，建立工作周报制度。二是认真负责，确保技术保障到位。对基础环境进行精心部署，协调硬件资源搭建了测试环境和培训环境。对旧公文中的垃圾数据进行清理，迁移数据库文件 326M、物理文件 226181 个。认真组织仿真演练和压力测试，严密监控系统运行情况并进行分析，及时调优系统参数。三是强化运维，确保系统平稳运行。通过内网网站、热线电话、微信等平台进行运维支持，及时对数据库以及中间件的配置进行了 10 次调优，自项目启动到正式上线共解决各类问题 1000 余个。

四、加强应用系统管理，推动税收信息化科学发展

一是加强信息化项目的顶层设计和管控。按照信息系统建设“一体化”原则，省局成立了信息化项目审核小组，规范全省税收信息化项目的立项、开发等。二是加强信息化情况调研。开展税收信息化管理与应用情况调研，根据调研情况，大力整合纳税人端涉税系统，切实减轻了基层和纳税人负担。

五、提升数据管理水平，深化信息管税

一是加强数据质量管理。对主要应用系统进行定期和不定期的数据检查，全年共发布全省电子税收数据质量通报 3 期。二是深化数据应用。对省局管理的全省电子税收数据向各市局进行推送和利用，全年共向基层推送数据达 140T，为省局业务部门提供 14 次数据抽取，累计使用电子税收数据量近 8G。

六、完善运行维护管理，确保系统运行平稳

一是深化平台应用，构建运维体系。研发推广山西国税信息化管理平台，有效整合省、市、县三级运维力量，全年共发布各类通知、通报和信息 110 期次，处理各类问题 4655 个，其中省局处理问题 1831 个，市县局两级处理问题 650 个，同时开设绿色通道，解决基层和纳税人特别紧急的问题 2174 个。二是加强应用系统运行维护，确保系统平稳运行。做好应用系统和基础平台的运行监控，并形成健康检查报告，加强预警。制定系统备份和恢复策略。每天进行备份，定期通过恢复验证，并确保与税务总局南海灾备中心实时备份运行稳定。及时做好各应用系统的升级维护，全年共计升级 26 次。

七、强化日常管理，不断提高信息化工作管理水平

一是继续做好日常工作管理。根据年初工作安排，9 月份组织召开全省税收信息化工作会议，对重点任务进行分解，明确了承办组、责任人以及完成时限。全年共对数据质量、信息安全、网络管理、信息化管理四方面工作进行 15 次通报。二是不断加强技术培训，提高综合能力。加强培训。全年举办 3 期全省网络与信息安全知识更新培训和 1 期全省信息化管理培训，对市县两级 200 余名基层信息技术人员进行了系统的培训。加强交流。全年共选派 80 余人次参加了税务总局举办的各类培训共计 70 余次。三是做好信息化工作宣传。省局局长接受了《山西信息安全》记者专访，并撰写了题为《让信息化引领税收管理科学发展》的卷首语。编发《山西国税税收信息化动态》4 期，向税务总局报送金税三期试点和“营改增”试点专项简报 11 篇。积极参与全国税务信息化优秀论文评选活动，报送 92 篇论文，其中 1 篇获一等奖。

八、加强税收信息化建设和管理，不断夯实税收信息化基础

一是规范信息化基础建设和管理。对全省信息化基础建设和管理进行指导，并提出具体的工作要求。不断完善机房管理制度，继续做好机房日常值班工作。二是做好高清视频会议系统建设。在全省高清视频会议系统建设中，组织全省136个节点单位接收各类设备461台，分六个组赴各单位进行现场实施，确保项目按时保质保量完成。三是做好网络运行管理。加强对广域网络的管理和监控，对全省广域网络运行情况通报4次。规范网络节点、线路的管理以及备品备件库的管理，及时维修故障设备。做好机关日常办公计算机和网络运行运维，保障职工的正常使用。对省局外网网站进行技术维护和改版，并更换了外网网站服务器和操作系统，加强了外网网站安全防护。

2013年9月6日，全省税收信息化工作会议在太原召开

九、强化信息安全管理，构筑安全可靠的信息安全防护体系

一是积极推进全省信息安全评测工作。结合金税三期工作开展，从安全管理、物理安全、网络安全、系统应用安全和终端设备安全五个方面，开展信息安全评测整改工作。同时还对晋城市、吕梁市国税局和部分县区国税局整改落实情况进行了实地检查。二是做好税务系统网络与信息安全防护体系的建设和管理。加强网络监测与运行维护管理，对全省系统信息安全情况进行通报。2013年全省桌面终端安全管理系统注册率达到97.14%，瑞星杀毒软件覆盖率达到93.76%，共截获病毒种类为1279种，违规外联事件数量不断减少，总体网络安全威胁程度为轻度。三是加强机关内、外网登录管理。进一步规范机关网络使用和管理，并就机关网络使用安全管理提出具体要求。

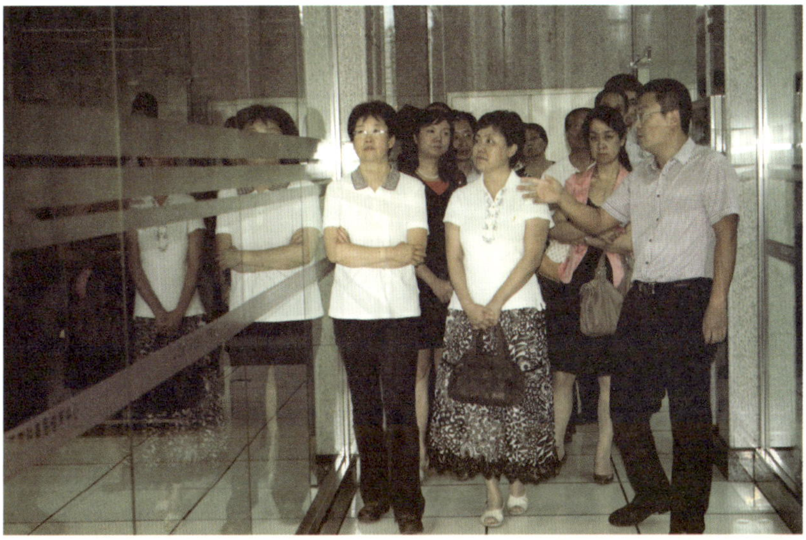

2013年8月2日，国务院电子政务办公室和国家税务总局办公厅电子政务处领导对省局电子政务工作进行调研指导

（侯建锋）

落实各项税收政策　促进企业转型发展

2013年，山西省国税系统货物和劳务税工作以强化税收政策落实和增值税发票管理为抓手，以实施营业税改征增值税试点为重点，精心组织，统筹推进，较好地完成了各项工作任务，推动货物和劳务税工作不断迈上新台阶、再上新水平。

一、扎实推进，实现"营改增"试点工作平稳运行

按照财政部、国家税务总局统一部署，2013年8月1日，在全国开展交通运输业和部分现代服务业营业税改征增值税试点。根据税务总局和省委省政府统一安排，从4月份起，全省各级国税机关凝心聚力，奋力拼搏，扎实推进"营改增"试点工作，如期完成各项工作任务，实现了试点纳税人平稳过渡，试点工作平稳有序运行，试点纳税人8月1日顺利开具发票、9月1日完成申报缴税，取得了阶段性成果。按照12月4日国务院常务会议的统一部署，自2014年1月1日起将"营改增"试点扩围至铁路运输和邮政业。全省国税系统积极有序地开展了各项前期准备工作，发扬钉钉子精神，确保100户铁路运输企业和367户邮政企业2014年1月顺利开出发票。

2013年9月17日，山西省国税局邀请试点纳税人召开山西省"营改增"试点工作税企座谈会

2013年9月1日，山西省"营改增"纳税人成功申报

（详见P51"'营改增'试点工作"）

二、加强督促，认真落实各项税收政策

不折不扣地落实好各项税收优惠政策。一是继续抓好增值税起征点调整等政策的落实。认真落实月销售额2万元以下免征小微企业增值税税收优惠政策，全省5.98万户小微企业享受免税3000万元，减税面达78%。二是积极服务全省转型综改试验区建设，落实太原市自来水公司销售外购黄河水生产自来水有关税收政策。三是落实农产品进项税额核定扣除试点，制定了酿造食醋、酱油行业农产品增值税进项税额核定扣除标准及后续管理措施，山西省国税系统试点工作走在了全国前列。四是认真落实"营改增"税收优惠政策，与省地税局积极协调，确保减免政策无缝对接。五是积极做好

全省特种车辆减免图册上报工作，与交通管理部门紧密配合，落实城市公交企业车购税减免政策。

三、夯实基础，不断提高增值税管理水平

一是根据税务总局关于自2013年7月1日起，全面实施进口增值税专用缴款书“先比对后抵扣”管理办法的要求，结合全省工作实际，制定具体管理措施，明确岗责、流程和工作要求，堵塞了税收征管漏洞，促进了税收收入增加。二是部署机动车发票纳入防伪税控系统工作，实现对机动车销售发票和车购税的对接。三是部署防伪税控加解密服务器，在7个基层单位进行了试运行，并于11月在全省范围内全面推行，优化了纳税服务，提高了工作效率，为实现“一窗通办”和“同城办税”提供了征管支持。四是针对“营改增”后可能存在的公路运输发票虚抵风险，从相关系统中提取疑点信息15万余条下发至各市局进行核查。五是对2011—2013年期间的失控增值税专用发票抵扣联信息及2011年和2012年滞留发票疑点信息20余万条整理后下发各市局，加强对增值税发票虚开虚抵的预警管理。六是及时测算上报新增增值税发票领用计划，加强组织供应，确保“营改增”后的发票领用。七是落实金税三期工程办工作部署，积极做好增值税、消费税和车购税相关业务准备和后续监控工作。

四、转变观念，改进车辆购置税管理和服务水平

积极推行车购税自助办税，全省有5个市共计设立了14个车购税自助申报办税点。落实城市公交企业购置公共汽电车辆免征车辆购置税政策，对全省新增和变更备案的14户城市公共交通管理部门与城市公交企业进行修订。推广应用车辆合格证电子信息系统，完成对全省机动车生产、销售企业名单的采集报送。开展车辆购置税专项检查，抽调业务骨干，组成4个重点检查组，对大同、朔州、忻州、太原等4个市局2010—2012年度的车辆购置税业务进行了重点抽查，对检查中发现的问题及时进行了整改问责，有力地促进了车辆购置税的规范管理。

（任志杰）

开拓创新服务大局　所得税管理水平再上台阶

2013年，山西省国税系统所得税管理工作以服务大局为主题，创新管理理念和方法，认真落实各项政策，切实加强管理，较好地完成了各项工作任务。

一、加强管理，全面落实企业所得税政策

（一）抓好税收政策调研。先后围绕企业重组、政策性搬迁和节能、环保、安全专用设备抵免税额等热点难点问题开展了调研，完善和改进管理措施，使税收政策与各项管理措施有机衔接。

（二）开展政策效应分析。利用征管数据对煤炭开采、电力生产、批发与零售业，从经济、政策、征管的关联性中，研究分析了所得税政策执行情况。对总部经济从税收的流出、流进入手，分析了税收与税源背离的原因。对资源综合利用税收优惠从《资源综合利用企业所得税优惠目录》入手，分析了促进循环经济发展的作用，并针对问题提出了对策建议。

（三）完善优惠政策管理。对申报备案的优惠事项，按照事先审核防范，事后风险评估的要求，在加强资格审核，严把优惠关口的同时，不折不扣地落实各项优惠政策，全年全省享受企业所得税优惠的企业共计9339户，减免企业所得税38.43亿元。

二、抓大控小，加强企业所得税税源管理

（一）加强税前扣除事项管理。从重点税源行业入手，制定煤炭、金融业税前扣除项目审核指引，加强税前扣除审

2013 年 3 月 26 日，全省所得税业务会议在太原召开

核管理；从重点事项入手，加强研发费加计扣除及资产损失税前扣除管理，明确了审核要求与工作标准。通过对 694 户企业税前扣除项目的审核分析，调减应纳税所得额 14.82 亿元。

（二）加强总分支机构管理。利用企业所得税汇总纳税信息管理系统，加强了总分支机构的信息比对与税款分配的监控，保证了总分支机构管理税务机关间的信息互通共享。

（三）完善核定征收管理。制定下发《关于加强企业所得税核定征收管理的通知》，杜绝随意扩大征收范围、人为确定核定征收比例及纳税人有意通过核定征收方式规避税负的现象，解决了纳税人虚亏实盈、税款流失问题，以及征收方式调整后跨年度的亏损如何计算弥补问题。

三、突出重点，推进企业所得税后续管理

（一）加强企业跨年度事项管理。根据跨年度事项的特点和重大事项管理需求，推广应用企业所得税网络版电子台账，以台账为载体，通过对跨年度事项、备案事项的数据信息登记维护，实现了企业所得税动态化、持续化管理。

（二）做好汇算清缴数据分析利用。汇算清缴结束后，组织全省国税系统利用汇算清缴数据的测算分析结果，对企业所得税税负较低且异常变化、享受税收优惠期间利润异常增长、优惠期满后由盈转亏、重组改制后生产经营发生变化较大的企业及跨年度弥补亏损等重点事项开展了后续管理。通过审核，查补企业所得税 1.21 亿元，有效防止了税款流失。

四、上下协同，做好企业所得税汇算清缴工作

（一）制定工作方案。根据汇算清缴工作程序，制定下发实施方案，编写《2013 年度企业所得税汇算清缴工作指引》，使基层税务人员和纳税人知晓政策，熟悉流程，懂得操作。

（二）加强审核管理。将企业所得税的日常管理与汇算清缴有机衔接，从计税收入认定、税前扣除项目确认、以前年度亏损弥补、优惠资格认定及税款缴纳等方面进行了审核，在防范纳税人风险的同时，保证了汇算清缴质量。2013 年度的汇算面为 99.97％，数据差错率为零。

企业所得税汇算清缴数据会审

（三）强化数据分析。汇算清缴结束后，应用汇算清缴数据对部分重点税源行业的税源变动和纳税情况、资源综合利用优惠政策执行情况进行了全面分析。2013年全省汇算清缴户数比上年增长15.54%，盈利面为61.84%，亏损面为17.53%，零申报面为20.63%，预缴率为87.61%。

五、结合实际，加强企业所得税专业人才建设

（一）强化队伍教育培训。以培训促提高，举办所得税业务培训班，邀请税务总局和省内知名专家讲解了税前扣除的热点、难点问题，既提高了所得税管理人员的政策业务水平和实际操作能力，也为各市、县局的业务培训储备了师资力量。

（二）实施专业团队管理。在研发费加计扣除、资产损失税前扣除审核及后续管理中，结合业务特长，整合人力资源，开展专题培训和专项审核管理，实施了专业团队管理模式。

（三）发挥专业人员作用。发挥“专家评审”的以点带面作用，通过组织专业人员对重大事项、重点问题开展“疑点剖析”，形成多个不同类型的案例分析。通过案例的互相交流，加深了基层税务人员对政策规定的理解和对存在问题的认识，起到了以点带面，推进专业化管理的作用。

（韩剑锋）

夯实基础扎实推进　国际税收稳步前行

2013年，山西省国税系统国际税收管理工作坚持以科学发展观为指导，以加强跨境税源管理为主线，以企业关联业务往来申报审核和非居民企业所得税征收管理工作为重点，不断夯实基础，推动国际税收工作稳步前行。

一、国际税收管理工作基础有力夯实

进一步明确新形势下国际税收工作的总体思路、工作任务和工作要求，确定以企业关联业务往来申报审核和非居民企业所得税征收管理工作为重点。组织全系统业务骨干，结合基层实际，编写印发《企业关联业务往来申报审核指南》，并在目标责任制考核中将企业年度关联业务往来申报率作为考核的重点指标进行量化考核。同时，在年度企业所得税汇算清缴安排中，以文件形式对企业关联申报工作提出明确要求，确保企业关联业务往来申报审核工作的质量和效果，进一步夯实征管基础。8月，省局召开全省国税系统国际税收管理工作会议，对2013年国际税收管理工作以及今后一个时期的工作方向予以明确，并进行安排部署，力争做到一年上一个台阶，三年有一个明显变化。

利用信息化手段，结合实际，着手建立从2008年起非居民企业所得税及反避税案例库。同时，针对非居民企业管理信息滞后的实际情况，与商务、工商等部门进行协商沟通，有效建立了非居民企业信息交换机制。2013年，利用从第三方获得的股权转让信息，组织开展了全省非居民企业2008年至2013年上半年股权转让清理核查工作。

二、非居民企业税收管理有新突破

一是非居民企业所得税管理取得新突破。针对国外著名职业球员加盟山西某篮球俱乐部涉及的非居民企业所得税的问题，组织开展专题调查，确认加盟外国球员是以外国体育团体名义参加的赛事，成功征收了加盟外国球员以团体名义进行体育比赛所涉及的非居民企业所得税人民币2.12万元。经税务总局确认，这是全国征收的第一笔外国体育团体非居民企业所得税。10月20日，税务总局将此案例作为典型案例，在全国非居民税收管理培训班上进行了交流。二是认真抓好非居民企业所得税收入预测分析工作。全年，全省国税系统共入库非居民企业所得税收入

2.41 亿元。其中非居民承包工程作业和提供劳务重点建设项目合同支付额 8460 万元，缴纳非居民企业所得税 846 万元。三是做好 2012 年度非居民企业所得税汇算清缴工作。2012 年度发生关联业务往来的居民企业和在山西省内设立机构、场所并应参加汇算清缴的 19 户非居民企业，100% 履行申报义务，全年应纳税所得额 2245.57 万元，同比增加 1417.58 万元；缴纳企业所得税额 111.03 万元，同比增加 72.18 万元。

三、反避税工作取得新进展

2013 年，省局对某能源集团股份有限公司 2011 年 3 月发生的境外股权转让征收非居民企业所得税的情况进行了认真研究分析，确认为关联交易，应进行特别纳税调整，按照反避税的程序进行了立案调查。调查中，该公司提交了境外股权转让为无效交易的仲裁书，并拒绝进行特别纳税调整。经请示税务总局后，省局立即启动法律程序。在税务总局高度重视和大力支持下，省局先后进行了多次约谈调查。同时，税务总局将此案件作为全国重大案件，组成专家会审组深入山西进行会审，对调整税款进行了确认，省局赴税务总局陈述案情，由国际税司、政策法规司、督察内审司对案件政策法规适用的准确性及执法程序的严谨性等情况进行联合会审，同意省局对该公司境外股权转让非居民企业所得进行特别纳税调整税款为 2.06 亿元。

在年度企业所得税汇算清缴工作中，下发相关文件，部署企业关联申报审核工作的具体时间、步骤，对企业关联申报工作提出明确要求，印发《企业关联业务往来申报审核指南》，及时指导各地国税机关开展工作，确保企业关联业务往来申报审核工作的质量，全省关联申报率达到 70% 以上。同时，在全省继续开展选案工作，运用典型案例指导基层工作，不定期召开反避税选案工作专题交流汇报会，推动了全省反避税工作的全面深入开展。

四、税收协定执行和情报交换工作质量不断提升

将非居民企业享受税收协定待遇纳入全省非居民企业股权转让清理核查工作中，加强非居民企业享受税收协定待遇的管理工作，完善审批、备案事项工作流程和岗责体系。2013 年度向美、日、韩、加、澳五国税务机关提供电子自动情报 53 份，保证了情报交换的数量和质量。对 3 月份接到的日本国税局自发情报，立即开展了核查，并及时向税务总局汇报了自发情报的使用情况。

五、国际税收专业人才队伍建设全面加强

继续加大业务培训力度，从全省国税系统选派人员参加税务总局举办的相关专业培训，提升专业技能。12 月份，举办全省国税系统国际税收管理业务培训班，开展股权转让专题培训，有效解决工作中出现的具体实际问题。

（杨淑莲）

强化管理优化服务　出口退税再创新高

2013 年，山西省国税系统进出口税收管理工作认真贯彻落实国家各项出口退税政策，组织开展生产企业出口货物退（免）税专项检查，完成金税三期出口退税模块的上线运行，积极参与太原武宿综合保税区建设，强化预警分析与函调，防范和打击骗取出口退税行为，准确、及时办理出口退税，全年累计办理出口货物退免税 31.61 亿元，再创新高。

一、组织开展全省生产企业出口货物退（免）税专项检查

为做好此次专项检查，省局进行大量的前期调研，研究

深入企业开展出口货物退（免）税专项检查

下发《山西省国家税务局关于开展生产企业出口货物退（免）税专项检查工作的通知》，对检查工作进行了安排部署，并先后深入全省 11 个市对检查工作进行了督导。此次检查共涉及全省 11 个市有出口退税业务的 83 个县（区）局，344 户出口企业。各地国税机关认真贯彻执行出口退（免）税的相关政策规定，严格在省局分配的指标内办理退调库手续。通过此次检查，查补收入 4111.89 万元，达到了夯实管理基础、规范生产企业出口货物退（免）税管理、以查促管的目的。

二、管好用好出口退税计划指标，做到应退尽退

为确保及时办理退库，加强对出口退（免）税政策变化及进度分析，根据企业出口业务的变化，做好出口退税计划指标的测算。采取“按季预分、据实调整”的方式，合理分配计划指标。同时，针对全省计划指标不足的情况，及时向税务总局申请退税计划指标，确保为出口退税企业足额退税。

三、及时办理电子口岸备案登记，为企业提供优质服务

根据进出口税收日常管理点多面广的特点，采取随到随办的方式，保证了出口企业及时办理电子口岸备案登记手续。全年共为 287 户进出口企业办理海关电子口岸备案登记，为 76 户企业变更备案登记。

四、强化预警分析与函调，严防出口骗税案件的发生

始终把防范和打击出口骗税贯穿到整个出口退税工作中，有效防范和打击了出口骗税。一是依托现有的出口退税函调系统，不断加大征退税衔接工作力度，拓宽对出口企业纳税信息与退税信息的共享范围，加强纳税评估与退税评估的协调联动，增进了征退税部门日常管理和案件协查的有效配合。全年共发函 260 余份，复函 320 余份。二是依托关注信息，强化退税审核。关注信息库为日常退税审核发挥了有力的预警作用，降低了退税审核中的执法风险。三是依托预警数据，加强对退税工作的指导。按季做好出口退税预警分析，通过分析应退（免）税出口额变动率、商品出口额变动率、出口单价变动率、未申报退（免）税出口额比重等指标，对筛选出的异常数据进行跟踪剖析，排除各种骗税嫌疑，确保了出口退税工作平稳、安全运行。

五、完成金税三期出口退税模块上线运行

在上线前的准备阶段，对金税三期的退税审核业务进行全流程测试、单项复杂业务测试及压力测试，并对全省的相关业务人员进行 5 期模拟环境操作培训，为全省退税审核工作提供了有力支撑。对旧审核系统数据逐条筛查，对尚未完成的数据流程进行清理完善，对所有迁移实点的在办业务进行手工台账登记，确保所有迁移事项的数据完整性和业务真实性。正式上线运行后，省、市、县三级退税管理部门和金税三期软件开发公司迅速建立起业务保障平台——微信沟通群，对退税业务办理中碰到的疑难问题及时解剖、处理及反馈。

积极参与太原武宿综合保税区建设，结束了全省没有海关特殊监管区域的历史，有力地促进了全省产业结构转型和对外贸易发展。

（李景春）

围绕大局务实创新
积极推进大企业税收专业化管理

2013年，山西省国税系统大企业税收管理工作紧紧围绕全省国税工作的总体要求和重点工作安排，积极开展大企业税收专业化管理工作，各项工作取得明显成效。

一、围绕大局，落实全省重点工作内容

（一）明确大企业税收管理工作目标。按照全省国税工作会议确定的“在建立税源专业化管理、纳税服务、执法监督三大体系上求突破”的要求，以建立省市两级大企业税收专业化管理体制和工作机制、完善大企业税收专业化管理相关业务体系、建立大企业涉税事项协调会议制度、探索开展大企业税务审计为抓手，认真谋划全年工作。

（二）完善大企业专业化管理制度和机制。按照省局征管改革的统一部署，积极落实大企业税收专业化管理改革相关事宜。针对全省大企业税收管理工作现状，认真调研、科学总结。按照《山西省国家税务局深化税收征管改革的实施意见》要求，初步起草《关于大企业税收专业化管理有关问题的意见》，为深化税收征管改革做好相应准备；拟定下发《大

2013年7月15日，山西省国税局召开税务总局定点联系企业山西驻地分支机构风险管理工作视频会议

企业税收涉税事项协调会议制度》，为做好大企业个性化服务和风险应对建立基础性工作制度。

（三）搭建信息化保障体系。按照税务总局《大企业税收管理信息系统正式上线运行有关问题的通知》要求，认真做好大企业税收管理信息系统上线运行工作，实现税务总局、省局二级部署模式，进一步提升了大企业税收管理的信息化水平。

（四）创新大企业税收风险应对方式。以税务总局开展的定点联系企业全流程风险管理工作为载体，积极探索“团队化、一体化、扁平化”工作模式，发挥省局、市局和主管税务机关的的各自优势，利用各层级征管优势，形成全系统风险应对实体化，开展“端对端”的税务审计，提升大企业税收风险应对水平。

2013 年 7 月，山西省国税局在省工商银行召开税收风险管理工作推进会

二、务实创新，圆满完成税务总局推送的工作任务

（一）对重点行业进行调查摸底。按照税务总局安排部署，开展对石油石化、烟草、银行、电信和电力五个行业的调查摸底和数据整理工作。梳理全省上述五个行业的驻地企业在税收管理过程中发现的税收风险，分行业、分税种进行归纳总结，为税务总局建立五个行业的全行业税收风险特征库提供第一手资料。

（二）健全税企联系机制。对与税务总局签订税收遵从合作协议的中国海洋石油总公司、中国人寿保险（集团）公司和西门子（中国）有限公司 3 户定点联系企业，确定税企联络员，负责与成员企业的日常联系、协调处理企业涉税诉求和重大事项、跟踪了解并评价协议执行情况，确保协议执行到位。

（三）开展信息核实工作。对税务总局 45 户定点联系企业 2012 年度成员企业名册进行信息核实。本着减轻纳税人负担的原则，采取与征管系统已有信息比对的方式开展名册核实工作，完成了对纳税人代码、纳税人名称、所属行业、组织架构信息、年度缴纳税款等信息的核实，使税务总局定点联系企业在全省 861 户成员单位的征管信息实时更新、更加完整。

（四）开展全流程税收风险专项工作。按照税务总局要求，对全省 3 户企业集团开展全流程税收风险专项工作。及时研究落实措施，并与省地税局积极沟通，成立联合协调工作小组，按照企业自查、税务机关评估和初审、税务审计、总结反馈四个阶段的风险管理程序，建立工作机制，制定工作方案，做好前期准备工作，积极组织、认真实施。2013 年，按要求完成了两个阶段工作，取得了明显的工作成绩。通过第一阶段对企业开展个性化服务和交流督导，3 户企业主动自查税款 3484 万元。在第二阶段风险评估和案头初审工作中，省局审计团队和各市局发挥跨层级征管合力，协同评审，共发现 3 户企业 160 个风险点。

（张　宁）

2 0 1 3 S X G S N B

九 队伍建设

加强干部队伍建设　提供坚强组织保障

2013年，山西省国税系统人事管理工作围绕中心、服务大局，激发活力、创新管理，领导班子建设、干部选任、公务员录用、人事基础等各项工作取得了新进展，为加强干部队伍建设，推动全省国税事业科学发展提供了坚强的组织保障和人才支持。

一、切实加强领导班子建设

（一）加强政治理论学习。根据税务总局和省委的部署，省局举办了以学习党的十八大精神为主要内容的集中轮训，先后分两期对省局机关和各市局共178名处级干部进行了集中轮训。通过集中学习，统一了思想，提高了认识。

（二）配合税务总局做好省局厅级干部的考察考核工作。完成对省局局长和3名副厅局级领导干部试用期满的考核工作，完成对省局2名副巡视员的选拔工作，完成税务总局选拔部分省国税局纪检组长在山西省的组织考察工作。

（三）及时调整市局领导班子。按照优化市局领导班子年龄结构、提升班子整体能力、调动干部工作积极性的要求，及时对大同、晋城、晋中、忻州、临汾、运城6个市国税局领导班子进行了调整，其中：10名班子成员调整了职务，2名班子副职经组织考察晋升为调研员，4名班子副职转任同级非领导职务。

（四）加强对市局领导班子和领导干部的考核。按照制定下发的《山西省国税系统市局领导班子和领导干部综合考核评价办法（试行）》，结合年度考核工作，省局组织考核组综合运用实地考核、实绩分析、民主测评、民意调查、综合评价等方法，对2012年度各市局领导班子和领导干部进行了综合考评，考评结果在全系统进行了通报。

二、扎实做好干部选拔任用工作

（一）加强制度建设。为进一步推进干部人事制度改革，规范和完善全省系统处级干部选拔任用工作，在广泛征求省局机关和各市局意见的基础上，制定出台了系统处级干部选拔任用工作暂行办法、省局机关考察任用方式选拔任用处级干部工作实施方案、省局机关处级干部竞争上岗工作实施方案、系统考察任用方式选拔任用处级干部工作实施方案、系统处级干部竞争上岗工作实施方案等一系列制度办法，为全省系统处级干部的选拔任用提供了制度保障。同时，出台了《山西省国家税务局机关科级非领导职务晋升工作实施方案》，进一步规范了省局机关科级非领导职务晋升管理工作。

（二）认真组织开展干部选拔任用和调整工作。按照省局党组安排部署，2013年全省系统采取考察任用的方式新提任处级干部11名，其中：省局机关选拔任用调研员4名，部分市局机关选拔任用调研员3名、副调研员4名。对达到最高任职年龄的11名处级领导干部转任同级非领导职务。平级转任调整市局领导班子成员10名。交流轮岗处级领导干部4名。在系统开展了3名正处级领导干部和3名调研员选拔的民主推荐和组织考察工作。在处级干部选拔、调整中，严格执行《党政领导干部选拔任用工作条例》和税务总局的相关规定，做好方案制定、实施、考察、公示、任免及向税务总局报备等工作。同时，根据任职试用制的相关规定，对2012年选拔的2名实行试用期管理的正处级领导干部进行了试用期满转正考核。对省局遴选的10名公务员进行试用期满考核并确定职务，对调入省局的4名公务员办理定级任职手续。

（三）加强对科级干部选拔任用工作的指导。继续从严执行科级职数审批，全年共办理各市局19批次、143个科级干部职数（领导职数114名，非领导职数29名）的审批。对5个市局涉及县局长的任免调整报备进行了批复。

（四）加强对干部选拔任用工作的监督管理。按照税务总局党组干部选拔任用工作“一报告两评议”实施办法的规定，结合2012年年度考核工作，对各市局2012年科级干部选拔任用工作进行“一报告两评议”，评议结果由省局分别向各市局党组进行反馈，11个市局选拔任用工作平均满意率达98%以上。根据有关规定，按照税务总局要求，对临汾市局党组书记履行干部选拔任用工作职责进行了离任检查。

三、扎实做好各项人事基础工作

一是根据年度考核的有关规定，按时完成省局机关和各市局领导班子和领导干部2012年年度考核工作。二是对各市局党组2013年度民主生活会进行安排部署，并做好监督指导工作。同时，根据有关规定，按时完成了领导干部报告个人有关事项工作。三是先后完成了全省系统2012年招录公务员的全员登记、2013年度259名公务员的招录和初任培训、2014年280名拟招录公务员的计划上报和网上资格审查工作。四是完成了省局机关全体干部职工的正常晋升工资的工资审批及兑现事宜。五是为进一步加强人事干部自身建设，举办了全省国税系统人事干部业务培训班。

（乔景云）

围绕主题突出重点　提高党建工作水平

2013年，山西省国税局按照国家税务总局和省委、省政府的统一部署，深入开展党的群众路线教育实践活动，学习贯彻落实党的十八大、十八届三中全会精神，倾力打造学习型党组织，积极开展创先争优活动，有力地促进了各项工作的开展。

一、坚持常规工作抓规范

（一）坚持理论武装，打造学习型机关

一是认真落实党组中心组学习制度。全年共组织8次党组中心组（扩大）理论学习会。同时，《运用党组中心组学习带动学习型党组织建设的研究》一文入编省直工委党建研究会理论成果汇编。在省直工委举办的省直机关学习宣传贯彻党的十八届三中全会精神研讨交流会上，省局机关党委作了题为《科学发挥税收职能作用 更好服务经济社会发展》的主题发言。二是落实机关学习制度，注重安排好机关各党支部每个月的政治理论学习，及时组织好对中央有关文件和时事政治理论的学习。三是积极探索行之有效的学习形式，既坚持个人自学、支部集中学习讨论等传统方式，又力求知识层次上档次，邀请专家、学者举办专题讲座；组织观看《周恩来的四天四夜》等主旋律电影。四是组织开展“读书月”活动，推荐了三篇优秀作品参加省直工委举办的“读书月”活动成果展示和评比。五是坚持党组书记上党课。8月6日，省局党组书记、局长王学东同志在省局机关讲授了题为《完善机制 转变职能 更好地为纳税人服务》的党课。六是《关于实行党务公开工作的实践与思考》一文入编税务总局机关党委《税务系统党建研讨论文集》。省局党组副书记、副局长王德平同志撰写的调研报告《强力

2013年7月30日，山西省国税局邀请省委党校党建教研部主任、教授范俊彦为省局干部职工作党的群众路线教育实践活动专题讲座

发挥税收职能作用 强势助推山西转型发展》入编《山西省直机关党组（党委）中心组理论学习成果汇编》。

（二）继续深入开展创先争优活动

认真做好创先争优活动的组织工作。“七一”前夕，对省局机关6个先进党支部、41名优秀共产党员和6名优秀党务工作者进行了表彰。

（三）加强机关党建工作，做好各项党务工作

一是做好党员领导干部民主生活会服务工作。省局党组于2013年1月23日以“贯彻落实党的十八大精神，保持党的先进性和纯洁性，坚持为民务实清廉，推动转型跨越发展”为主题召开了党员领导干部民主生活会。二是根据省直工委安排，认真做好参加省直机关“五项全能”比赛的各项工作。三是根据要求，开展了山西省国税局机关党委2013年度“联述联评联考”工作。四是组织推荐太原市局的两个文艺节目参加了省直工委举办的“我的中国梦”文艺展演，获得了优秀创作奖和优秀表演奖。

2013年8月15日，山西省国税局举办“中国梦·我的梦”主题演讲活动

（四）加强系统党建指导工作

坚持办好《山西国税党建》，全年共出版3期，重点宣传省局机关及全省国税系统加强党建工作、开展创先争优和创建学习型党组织活动等方面的情况。举办了一期全省国税系统党务干部培训班，促进了党务干部素质整体提高。

二、坚持重点工作重点抓

按照中央和税务总局的统一部署，省局机关认真开展了党的群众路线教育实践活动。在省局党组、省局党的群众路线教育实践活动领导小组领导下，省局机关党委牵头组织实施。

一是认真筹备，精心组织，做好省局机关教育实践活动动员大会筹备和活动实施方案的起草工作，切实抓好活动的计划和启动。二是以开展好“八个一”活动为主要内容，抓好集中学习教育，深入开展活动。邀请专家学者举办了题为《掌握和实践党的群众路线》的教育实践活动专题讲座；开展了一次党风廉政建设教育活动，组织全局机关干部职工集体观看廉政教育片《责任重于泰山》和《反腐启示录》；举办道德讲堂，组织全局干部职工集体观看反映税务系统模范事迹的故事片《红烛》；每名党员分别撰写了一篇心得体会；山西国税局网站、《山西国税》杂志分别开辟一个学习专栏；组织举办一次主题为“中国梦·我的梦”主题演讲；

2013年1月15日，山西省直工委领导到山西省国税局检查考核党的工作责任制落实情况

开展了一次“更好地服务纳税人、服务基层、服务发展民生”的专题调研活动。三是抓好调研和谈心，广泛听取意见。坚持开门搞活动，深入纳税人、基层干部、省局机关干部以及离退休干部中间开展调查研究，共征求到意见建议 385 条，梳理汇总为 4 类 28 项 100 条，其中，关于省局领导班子在“四风”方面的问题归纳为 12 个问题。四是为省局召开的党组专题民主生活会做好准备和服务工作。专题民主生活会程序到位、准备充分，紧扣主题、内容充实，是一次将整风精神贯彻始终的高质量民主生活会，达到了“触动思想、触及灵魂、解决问题、增进团结”的要求。税务总局第四督导组和省纪委、省委组织部、省直工委的有关领导到会指导并给予了充分肯定。五是集中力量进行整改落实、建章立制环节各项工作，制定了《山西省国家税务局领导班子“四风”问题整改工作方案》《山西省国家税务局教育实践活动制度建设计划》《山西省国家税务局系统开展“三清三察三审”专项整治工作方案》等一系列整改措施，确保教育实践活动不断引向深入，真正取得实效。

党的十八届三中全会召开以后，采取党组中心组理论学习、举办专题讲座、开展学习交流等形式广泛学习，深入研讨，于 2013 年 12 月 5 日组织举办了“全省国税系统处级领导干部学习十八届三中全会精神研讨班暨省国税局党组第八期中心组（扩大）学习会”。此外，邀请省委党校教授赵公社举办了题为《全面深化改革的动员令和进军号——十八届三中全会精神解读》的专题讲座，结合税收工作实际进行了深入学习研讨。

（李亚峰）

运用成果跟踪问效　提升巡视工作质量

2013 年，山西省国税系统各级巡视部门紧紧围绕省局重点工作任务，创新方法、发现问题，运用成果、跟踪问效，圆满地完成了全年巡视工作任务，为各级党组决策提供了重要依据，在推动决策部署的贯彻落实，促进领导班子建设和加强党风廉政建设方面发挥了积极作用，取得了明显成效。

一、明确思路，突出重点

为确保各项工作落到实处，抓出成效，根据税务总局关于巡视工作的部署和全省国税工作要求，提出“认真贯彻落实党的十八大精神，围绕省局重点工作任务，以发现苗头性、倾向性问题为着力点，扎实开展巡视监督，加大督促整改力度，全面提升巡视工作质量和水平，进一步促进领导班子建设，推动国税事业科学发展”的全省国税系统巡视工作总体要求，明确了把维护党的政治纪律作为巡视工作的首要任务，将中央改进作风、密切联系群众“八项规定”贯彻执行情况作为重要监督内容，以发现普遍性、苗头性、倾向性问题为着力点，切实加强对省局重点工作任务落实情况的监督检查，确保省局部署的工作落到实处，政令畅通。按照巡视工作总体要求，制定下发了《2013 年全省巡视工作要点》和《2013 年巡视工作计划》，明确了巡视检查的思路、范围、重点等事项，同时修改和完善了巡视工作目标责任制考核内容和标准。

二、创新方法，发现问题

牢固树立发现问题和推动解决问题是巡视监督生命线的意识。始终围绕提升巡视工作质量和水平，创新方式方法，确保工作实效。严肃组织收入工作纪律，从申报资料入手，结合税收综合征管系统查询功能，查找违规入库线索，发现基层单位在组织收入工作过程中的非正常征收预缴税款行为。在巡视民主测评中，研发运用新的信息化测评手段“巡视测评管理系统”，提高巡视工作效率，受到了税务总局的肯定，并在税务总局《巡视工作动态》（2013 年第 1 期）

2013年7月17日，山西省国税局巡视组在大同市国税局召开巡视动员大会

上进行了经验交流。

按照巡视工作规定的程序，省局先后对新绛县国税局、垣曲县国税局、省税务干部学校、大同市国税局、太原经济技术开发区国税局5个局领导班子及其29名班子成员进行了巡视检查。共召开巡视动员大会5次，组织民主测评381人次，召集人员个别谈话196人次，查阅相关资料350余万字。省、市局联合巡视了2个县局，延伸检查了2个基层县区局，分别走访了4个当地的纪检部门（省税务干部学校除外），认真撰写了5篇巡视报告，查找出被巡视单位领导班子在思想建设、工作作风、税务管理、税收执法、队伍建设等方面的各类问题共计43条，并提出了整改建议，对被巡视领导班子成员提出不足及建议65条，共向省市局党组提出工作建议14条。

各市局根据工作实际，结合近几年巡视工作的经验，不断探索优化方式方法。据统计，2013年共巡视基层单位60个，在巡视期间组织民主测评3267人次，召集人员个别谈话2094人次，召开各种座谈会57次，向市局党组提出建议71条，向被巡视单位提出整改建议381条。

三、运用成果，跟踪问效

为了巩固巡视工作成果，对巡视中发现的普遍性、苗头性、倾向性问题进行了分门类、有重点的汇总梳理，并对问题的性质、风险、危害进行了分析，提出了对策建议。同时推动相关处室制定完善了制度，采取了措施，弥补了漏洞。督促市局党组对县局领导班子成员进行了诫勉谈话，责成被巡视单位对违规行为及时进行纠正。

为了督促反馈意见的整改和落实，下发了《关于开展巡视回访工作的通知》，对2012年巡视过的5个单位作出了具体回访检查安排，并深入实地进行了巡视整改工作跟踪检查。在回访中，通过听取党组汇报、实地查阅资料、进行个别谈话等方式，全面了解巡视反馈意见的整改落实情况。各被巡视单位对巡视过程中发现的问题进行了全面的整改，完善了相应的制度和措施，取得了明显成效。

2013年3月19日，省市局联合巡视组在运城市新绛县国税局听取党组工作汇报

各市国税局以查促改，纠建结合，确保巡视成果运用到位。太原市国税局按照一定权重对巡视民主测评结果进行赋值，对各被巡视单位主要负责人和其他班子成员进行综合打分排名，由市局纪检组长和分管领导对主要负责人中的后两名和其他班子成员中的后五名进行组织谈话，提高了巡视工作的实效性。晋城市国税局对个别班子成员存在的思想有所滑坡、进取意识减弱、表率作用发挥不好等问题，及时进行了批评教育；对个别单位存在的临时用工制度执行不到位问题，及时提出整改意见；对群众反响较多的个别县局新录用公务员长期不上班问题，及时上报省局取消了录用，较好地发挥了巡视工作的作用，确保了巡视工作的效果。晋中市国税局把巡视工作成果作为班子考核评价的一项主要内容运用在2013年度基层领导班子成员综合考核中。吕梁市国税局对各巡视组提出的问题和建议，经过分类、归纳和综合，按“三个走向”进行分流处理，按照“六种方式”提出拟办意见，提请市局党组集体讨论后，以呈批件或交办件形式移交有关部门处理。

四、强化学习，提高素质

为进一步强化巡视工作的规范性，增强巡视监督的针对性和可操作性，始终坚持把提高巡视干部综合素质放在第一位，力求先知、先学、先掌握，做到先学一步、多学一点、深学一层，努力提高发现问题能力。按照省局党组的安排部署，要求全系统巡视干部认真学习中央八项规定、《党政机关厉行节约反对铺张浪费条例》、税务总局党组《税务系统贯彻落实中央关于改进工作作风八项规定监督办法（试行）》和《税务系统领导班子和领导干部监督管理办法实施细则》、税务总局出台的“三个三”落地要求。参加了税务总局安排的“第七期全国巡视干部培训班”，积极建议并参与了“加强和改进巡视工作研究”科研课题的研讨，对近几年巡视工作经验进行梳理和总结，探索巡视检查在推动税收工作实践中的有效途径，形成了高质量的调研论文。通过加强学习交流，统一了思想，提高了认识，为更好地发挥巡视监督作用打下了坚实的基础。

（李　峰）

拓展载体共建共享　文明创建成绩斐然

2013年，山西省国税局切实加强文明和谐创建工作，不断拓展载体、丰富内容，形成系统上下齐抓共管、协调一致、共建共享的良好氛围。

一、省局机关文明创建工作成绩斐然

一是年初组织对机关2012年度1个文明和谐处室标兵、4个文明和谐处室、33名文明和谐建设活动积极分子进行了评选表彰。二是积极开展健康向上的文体活动。举办了2013年省局机关“元宵节”趣味运动会。省局领导带头，全局机关及直属单位干部职工300余人积极参加。三是积极支持业余兴趣小组的文体活动，羽毛球、乒乓球、瑜伽、书画等兴趣小组常年坚持，活跃了干部职工的业余文化生活，引导干部职工养成健康向上的生活情趣。四是注重发挥好群团组织的作用，省局工青妇组织坚持按照各自的章程开展工作。五是积极组织开展社会公益活动，全年共组织全局机关干部开展三次捐助活动，其中“博爱一日捐”9000元、“送温暖献爱心”10000元、“慈善情暖万家”6650元。六是积极开展“五个一活动”，如举办道德讲堂，组织观看电影《红烛》，利用税务系统内部的先进事迹弘扬正气。成立学雷锋志愿服务队，6月27日，与太原市国税局联合赴尖草坪区国税局开展了党员志愿者服务活动，现场征求纳税人意见，解答纳税人疑问。2013年，省局机关被命名为2011—2012年度省直文明和谐单位标兵。

2013 年 2 月 22 日，山西省国税局举办省局机关元宵节趣味运动会

二、国税文化实践活动丰富多彩

加强税收文化阵地建设，全省国税系统均建立了文化活动室、阅览室、荣誉室等。加强内部系统网站建设，开辟国税文化“网页”，提供政治、业务、学习和文化、资讯交流平台。加强培训基地建设，优化培训环境。各级国税机关根据本单位实际，组建摄影、书画、文体、工作研讨等各类群众性文化活动小组，加强对文化活动小组的引导和管理，充分发挥其陶冶情操、丰富生活的作用。在此基础上，省局在平遥国际摄影展中举办了题为“税苑新风”的摄影展，举办了以“大美山西”为主题的书法展，充分展示了税务干部热爱祖国、热爱家乡、奉献国税、团结和谐、朝气蓬勃的精神风貌。

三、创先争优活动不断深入

全省国税系统精神文明创建活动不断深入开展，牢牢把握活动主题和载体，结合税收工作实际，确定了具有鲜明税务特色的活动主题，以建设法治、文明、规范、和谐的一流工作环境，培育政治过硬、业务熟练、作风优良的一流干部队伍，形成规范有序、严密高效、良性互动、运转协调的一流管理体系，树立爱岗敬业、公正执法、诚信服务、廉洁高效的一流行业形象，打造“政府信任、纳税人满意”的山西国税品牌为目标，从办税窗口、基层征收单位到国税机关，文明之风得到有力倡导，干部作风有了明显改进，新典型、新模范不断涌现。各单位在开展活动的过程中，紧密结合本单位工作实际，制定好实施方案，确保创先争优活动主题鲜明、内容充实、方法得当、成效显著；各地国税机关均树立了 1~3 个有突出贡献和鲜明特色

2013 年 12 月 20 日，山西省国税局举办道德讲堂

2013 年 6 月 27 日，山西省国税局学雷锋志愿服务队深入基层开展党员志愿者服务活动

的先进典型，培养和树立一批叫得响、过得硬、推得开的模范单位和先进个人，全省国税系统崇尚先进、学习先进、赶超先进的良好局面业已形成。

四、文明创建工作成果显著

紧紧围绕“服务科学发展，共建和谐税收”的工作主题，继续深入推进精神文明创建工作。一是表彰先进，弘扬正气，树立典型，营造崇尚先进、学习先进的良好氛围。太原市小店区国税局等 70 个单位获“山西省国税系统先进集体”称号，胡晋生等 122 名同志获“山西省国税系统先进工作者”称号，太原市小店区国税局等 4 个集体被人社部、税务总局联合命名为“全国税务系统先进集体”；郝宇纪等 2 人被税务总局评为“全国税务系统先进工作者”；平遥县国税局办税服务厅被税务总局和团中央联合命名为“全国青年文明号”集体；大同市南郊区国税局办税服务厅被省妇联命名为“巾帼文明岗”；张嘉等 2 人被团省委和省人社厅联合授予“山西省青年岗位能手”称号。二是加强对青年文明号的监督检查。组织开展了省级“青年文明号”考核验收工作，对系统内的 11 个国家级青年文明号单位和 105 个省级青年文明号单位进行了复查，对 2013 年度新争创的 18 个省级“青年文明号”集体逐一实地重点考核验收。全省国税系统所有省级“青年文明号”单位在考核中均达到 90 分以上，符合“青年文明号”的各项标准。

（王明明　李亚峰）

从严要求强化培训　大幅提升干部素质

2013 年，山西省国税系统教育培训工作以党的十八大和十八届三中全会精神为指导，紧紧围绕国税中心工作，坚持按照“三支队伍”分类培训格局，全面落实大规模培训干部、大幅度提高干部素质战略任务，大力推进分系列的高素质专业骨干强化培训和业务标兵竞赛活动。

一、以提高领导水平和执政能力为核心，开展领导干部培训

一是举办全省国税系统处级领导干部学习贯彻十八大精神集中轮训班 2 期，178 名处级领导干部参加了培训，达到了统一思想、凝聚力量的效果。二是举办知识更新培训班 6 期，培训处级领导干部 171 人，培训县（市、区）局长、省局机关科级以下干部 177 人；在山西省税务干部学校和忻州培训中心举办科级干部任职培训班 4 期，培训

全省国税系统开设道德讲堂，大力开展道德教育

2013年4月，山西省国税局在西南财经大学举办山西省国家税务局处级领导干部知识更新培训班。图为山西省国税局党组副书记、副局长王德平为学员们授课

科级领导干部200人；举办股级干部知识更新培训班2期，培训股级干部240人。三是提高培训课程设置的针对性，对各类培训班的课程设置进行严格审查，继续坚持“廉政教育进课堂”，开设了职业道德规范类和《税务违法违纪行为处分规定》解读等课程。四是做好税务总局对各级各类领导干部的调训工作。根据税务总局调训的对象、条件、名额等，省局积极做好名额确定、学员选派、电子报名和注册、学员管理等工作，并对各单位完成调训任务情况进行考核。

二、以建立一支数量充足、专业齐全、素质精良的高素质、复合型专业骨干队伍为目标，强化专业骨干培训

一是以税收工作急需和紧缺的专业人才为重点，合理确定专业骨干培训规模。省局共举办税收管理员业务骨干培训班4期，培训业务骨干200人；举办电子稽查业务培训班4期，培训业务骨干200人；举办小企业会计准则培训班6期，培训业务骨干300人；举办兼职教师培训班1期，培训兼职教师60人。二是完成2013年首批全国税务系统领军人才的选拔推荐工作，全省有1人进入首批全国税务系统领军人才培训班。三是开展了税收业务标兵竞赛活动。通过逐级推荐、考试、考核，在各市局培养和选送的400名税收管理业务能手中，省局通过竞赛考试，择优树立了207名税收管理业务标兵。四是组织参加了全国税务系统小企业会计准则抽考，全省共有440人参加了考试。

三、以提升一线干部的综合素质和岗位胜任能力为抓手，严密组织全员培训

一是提高培训项目选择的针对性。全年省局共举办面向基层一线人员的培训班39期，并对由省局各处室组织的专

山西省国税系统2013年新录用公务员在省税务干部学校参加初任培训

全省国税系统积极推进国税文化建设

2013 年 8 月，山西省国税局在井冈山干部培训中心举办山西省国税系统县局长知识更新培训班

业培训严格把关，优化课程安排。二是加大对新录用公务员税收业务能力的培训力度。把公务员初任培训班的培训时间由原来的 2 个月延长至 4 个月，并新增了 6 个招考公务员税务职业能力提升培训班，对 2004 年以来全系统考录的公务员进行再培训，强化经济、会计、税收知识和操作技能培训，取得明显成效。三是大力倡导干部在岗自学，鼓励广大干部积极参加注册税务师、注册会计师、律师等执业资格考试，2013 年全系统共有 18 人取得“三师”资格。四是对新录用公务员进行了全员初任培训，全系统 269 名新录用公务员和军转干部参加了初任培训， 263 名学员通过统考取得了税务执法资格。

四、以完善工作机制，严肃培训纪律为重点，加强学风建设

一是结合省局机关第一批党的群众路线教育实践活动，以及金税三期上线、“营改增”试点等全局中心工作，积极开展培训需求调研，不断增强培训针对性、实效性和前瞻性，积极协调安排好各类培训，处理好工学矛盾，做到了培训、工作两不误、两促进。二是加强培训管理，一方面狠抓《山西省国家税务局系统干部教育培训学分制管理办法（试行）》的贯彻落实，把干部培训工作纳入各级领导班子和处级领导干部的年度考核；另一方面，严格培训项目管理，要求省内培训做到培训项目、培训内容与参训学员所在岗位的组织需要、个人需求相匹配，报到学员与通知要求相吻合，并对每期培训班报名人员进行审核，由市局分管局长签字后，报省局教育处备案。对市局跨省培训继续实行报批制度。三是严格纪律，下发《关于严肃干部教育培训纪律进一步加强学员管理的规定》，将干部学习培训期间的表现纳入干部日常监督管理和单位年度考核范围。严格执行中央八项规定，严格执行学员学习、生活、管理的各项规定。2013 年 4 月，在西南财大举办处级干部培训班期间，雅安发生强烈地震，所有参训学员自觉服从组织统一安排，克服恐惧心理，坚持完成培训学习任务，并积极为灾区捐款，参与抗震救灾，经受了考验和锻炼，展现了山西国税干部良好的素质和风貌，受到了好评。

（杨春虎）

抓好培训基地建设　服务国税工作大局

2013年，山西省税务干部学校紧紧围绕干部培训基地、廉政教育基地、税收科研基地、保障服务基地“四个基地”建设目标，提高培训质量，挖掘服务潜力，学校建设和发展取得了新的成绩，为全省国税系统干部教育培训作出积极贡献。

一、以三个特色培训为龙头，努力建设一流干部培训基地

以“三个特色培训”为龙头，不断提升培训质效。

（一）税收信息化特色培训持续深化。完善税收信息化税务总局特色项目实践，继续举办“全国税务系统电子税务稽查专业师资培训班”，培训师资60人。高起点规划税收信息化教学平台建设工作，建成电子税务稽查实训平台，顺利通过税务总局组织的专家验收，成为全国唯一的电子税务稽查实训平台。

（二）积极探索税收专业化特色培训。进行专题需求调研，找准问题，开办招考公务员税务职业能力提升培训班，连续举办了6期以初级会计实务为主题的招考公务员税务职业能力培训班，培训干部300人。

（三）创新公务员初任培训形式。一是增强课程设置针对性。新开设税收分析、纳税评估、税源管理、纳税服务等专题，邀请省局及基层税务局兼职教师为学员介绍税收管理员岗位业务、办税服务厅业务及规范、税务稽查岗位业务。二是提升培训效果。推行了月考及模拟考试制度，考试情况分析通报制度，教学效果双向评估制度。三是规范项目组模式运行。严格按照项目组模式运行，从实施方案、任务分解、任务执行等环节细化量化，取得了实实在在的效果。

（四）服务税收工作更具针对性。先后为太原、阳泉、晋中、晋城等市国税局举办了业务标兵考试辅导班，培训人数达452人。主动服务税收工作，确保省局重点工作顺利完成。组织专门团队服务省局金税三期上线准备工作。积极配合“营改增”试点工作，举办“营改增”培训班4期，1581人（天）。委派教师到西藏自治区开展了送教活动。

（五）廉政教育基地建设工作取得新突破。廉政教育课程开发取得了新突破，初步形成了反腐倡廉理论建设与研讨

山西省国税局在省税务干部学校举办2013年度新录用公务员初任培训班

类、纪检监察业务知识类等五大类廉政教育课程体系。廉政教育文化展示中心布展工作进一步完善，顺利通过了省直工委领导的实地检查。2013 年省局被命名为第一批省直机关廉政文化建设示范单位。

山西省国税局廉政教育基地建设成效明显

二、以建设税收科研基地为目标，教学科研工作提高到新水平

（一）教学管理工作持续深化。不断完善培训项目管理，完善坚持教学例会制度。出台《培训教学创新若干意见（征求意见稿）》，组织召开年度培训教学研讨会，为全面开展培训教学创新工作迈出坚实一步。

（二）大力加强师资队伍建设。一是加强师资培训，全年共安排专、兼职教师 15 人次外出进修学习，并先后选派 3 人到省局和太原市小店区国税局实践锻炼。二是大力推进教研活动经常化、制度化，开展教研活动 90 余次。三是以科研促提升。选派优秀教师参与税务总局教育中心课题、省局科研所 3 个课题研究工作。承担的税务总局课题《考录公务员税务职业能力建设研究》获三等奖。四是抓好兼职师资队伍建设，完善兼职师资人才库建设，全年选调 7 名兼职教师为学员授课。

三、培训保障服务能力建设取得新成绩

进一步规范行政管理工作，强化服务理念，规范服务标准，完成了《学校制度汇编》修订工作，付印成册，收录制度 61 项；启动了档案室标准化建设和校史展览的规划、设计和资料搜集工作。进一步加强学校基本建设。校园改造工作完成了室外水电暖、煤气、排污管网建设、部分道路硬化、办公楼外立面改造、东配楼改造主体工程、消防系统改造、电力系统增容改造等工作。配合市政改造完成了竹苑 2 号楼和原学生公寓楼的拆除和整修工程。新校区建设征地工作完成了前期手续办理工作。

四、干部队伍建设和支部建设取得新成效

根据省局统一部署，深入开展党的群众路线教育实践活动，不断加强政治理论学习，全面加强支部建设。认真抓好以党的十八大、十八届三中全会精神为主题的政治理论学习。成立教育实践活动领导小组，制定支部教育实践活动的具体实施方案，召开组织生活会和支部委员的民主生活会，对党员和群众反映的突出问题进行了及时整改，保证了工作深入扎实，稳步推进，取得了实效。全面强化支部建设，充分发挥支部战斗堡垒作用，增强了党组织的凝聚力和战斗力。

（王安祥）

认真履行工作职责　扎实做好离退休干部工作

2013年4月26日，山西省国税局组织省局机关离退休干部学习

2013年，山西省国税局离退休干部工作围绕中心、服务大局，认真贯彻落实离退休干部工作的各项方针、政策和规定，尽心竭力为离退休干部办实事、办好事，离退休干部工作取得了新成绩。

一、深入学习贯彻党的十八大和十八届三中全会精神

将学习贯彻党的十八大和十八届三中全会精神作为一项重要政治任务，认真抓好离退休干部的学习贯彻落实工作。一是及时转发《国家税务总局办公厅关于转发中组部老干部局〈关于全国老干部工作部门认真组织学习贯彻党的十八大精神的通知〉的通知》，对全系统离退休干部工作部门学习贯彻十八大精神进行了安排部署。二是采取集中学习与个人自学相结合的方式，组织离退休干部学习党的十八大和十八届三中全会精神，引导离退休干部坚定中国特色社会主义的道路自信、理论自信、制度自信。三是组织省局机关离退休干部参观了"喜庆十八大，红色记忆——剪纸艺术颂太行精神作品展"。四是组织离退休干部参加"全省老干部学习十八大知识竞赛"活动，通过组织参加知识竞赛活动，使离退休干部进一步加深了对十八大精神的理解。

二、加强思想政治建设和党组织建设

一是加强离退休干部思想政治建设。及时了解离退休干部思想状况，有的放矢做好思想引导工作，引导离退休干部始终做到政治坚定、思想常新、理想永存。二是积极开展"同心共筑中国梦"活动。组织开展了"五个一"系列活动：组织召开一次学习座谈会，围绕"什么中国梦、如何实现中国梦、怎样为实现中国梦贡献力量"主题，组织离退休干部进行学习座谈；举办一期专题辅导讲座，组织全省国税系统副处级以上离退休干部观看了《美国梦的今天跟中国梦的明天》专题讲座录像片；组织一次走访慰问活动，春节前夕省局领导班子成员深入基层走访慰问老干部，并向老干部致以节日的祝贺和慰问；组织一次学习观摩，重阳节前夕组织省局机关离退休干部参观了万柏林生态园，使离退休干部亲身感受太原日新月异的变化，亲身感受到改革开放的辉煌成就；组织离退休干部为税收工作献一策活动，在党的群众路线教育实践活动中，通过发放调查问卷、召开座谈会，引导离退休干部为做好税收工作积极献言献策。

三、落实离退休干部政治和生活待遇

一是坚持组织学习，向离退休干部通报有关情况。及时向全系统转发了税务总局领导对老干部工作的批示，组织全系统离退休干部和离退休干部工作者认真学习税务总局领导的批示，将批示精神传达到全系统每一位老干部和老干部工作人员。二是认真做好重大节日走访慰问工作。向全系统离退休人员发放慰问信和慰问金。三是利用报刊、杂志等媒体，及时向离退休干部宣讲党和国家的有关精神和政策规定。四是做好离退休干部信访工作。对离退休干部反映的问题，组织有关市局进行调查落实，按政策规定解决好离退休干部的信访问题，维护老同志的合法权益。五是认真落实关于调整离休干部护理费等两项费用标准的政策规定，体现了党和政府对离休干部的关怀。六是对省局机关因病住院的离退休干部进行了看望，积极做好因病去世离退休干部家属的抚恤工作。

2013 年 3 月 27 日，山西省国税局组织全省国税系统离退休干部“喜迎十八大，我与税收情”征文评选活动

四、积极组织开展丰富多彩的文体活动

一是以离退休干部活动室为平台，组织开展读书看报、排练节目、棋牌、健身等形式多样、寓教于乐的文体活动，吸引更多的老同志走出来、动起来、乐起来，丰富离退休干部精神文化生活。2013 年，省局机关老干部活动室被省委组织部、省委老干部局评为“全省老干部活动中心达标创优先进活动室”。二是组织开展全系统离退休干部“喜迎十八大，我与税收情”征文活动，并对报送作品进行了评选，评选出文稿类获奖作品 65 篇，书法绘画类获奖作品 20 幅，摄影类获奖作品 30 幅。三是组织离退休干部进行学习考察。组织省局机关离退休干部赴昔阳县大寨村、左权县麻田镇进行了学习考察。

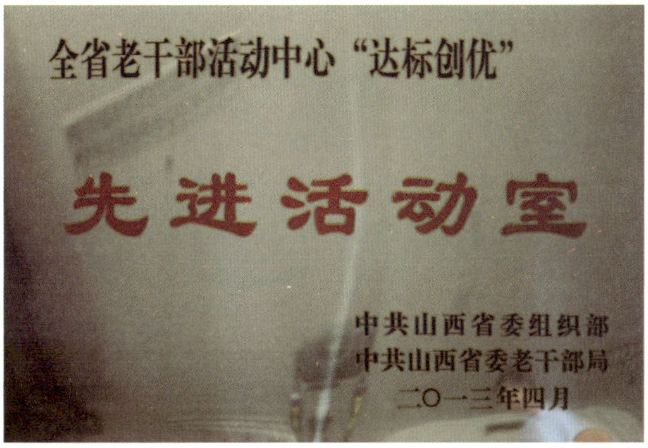

2013 年 3 月，山西省国税局老干部活动室被省委组织部、省委老干部局评为“全省老干部活动中心‘达标创优’先进活动室”

五、全面加强自身建设

一是加强制度建设。认真落实《国家税务总局关于印发〈国家税务局系统离退休干部工作制度建设指导目录〉的通知》精神，对全系统修订和完善离退休干部工作制度工作进行了安排。二是开展调查研究工作。按照税务总局安排，结合全省离退休干部工作实际，下发了离退休干部学习活动阵地建设调研课题。三是组织各市局和省局直属单位离退休干部部门负责人和报表人员就离退休干部统计表的填报工作进行了学习培训，对全省国税系统 2013 年离退休干部统计表进行了集中审核汇总，按时完成了全系统离退休干部统计报表工作。

（王春喜）

十 党风廉政建设

着力强化监督制约　推动反腐倡廉建设

2013年，山西省国税系统严格落实中央八项规定和税务总局、省委相关实施办法，坚决纠正“四风”，持续推进教育、制度、监督、惩处并重的惩治和预防腐败体系建设，着力构建“不想腐、不能腐、不敢腐”的长效机制，党风廉政建设和反腐败工作力度不断加大，各项工作取得了新进展新成效。

一、坚决正风肃纪，强化作风建设

以贯彻落实中央八项规定为切入点，针对群众反映强烈的各种作风问题，加强监督，严格执纪，大力开展专项治理，积极制定落实整改措施，不断强化作风建设。

2013年6月3日，山西省国税局参加政风行风热线活动

（一）强化督促检查，促进工作落实。为深入推动中央八项规定精神和省局重点工作的落实，省局专门成立督查调研组，通过明察暗访、听取汇报、开座谈会、问卷调查和查阅资料等方式，对全省7个市局及21个县局贯彻落实工作情况进行了集中督促检查。督查结束后，针对基层提出的意见、建议及督查中发现的问题，提出具体整改措施，并将有关情况在全系统进行了通报，对好的做法和先进单位进行了通报表扬，对存在问题的单位予以通报批评，有力地促进了工作的落实。

（二）认真开展专项治理。围绕文山会海、“三公”经费、办公用车用房、依法行政等内容，重点开展了“三清三审三察”活动，对“衙门”作风和“权力寻租”行为开展了专项治理。明确牵头部门和负责人，排出时间表，保证按时间、按标准完成整治任务。全省国税系统会议费同比下降33%，公务接待费下降17%，公车购置及运行费用下降4%，共清理腾退办公用房面积达36655.82平方米，其中，领导干部腾退办公用房6985.61平方米。

（三）切实解决“四风”方面存在的突出问题。在党的群众路线教育实践活动期间，省局聚焦“四风”问题，坚决正风肃纪，切实纠正形式主义、官僚主义、享乐主义和奢靡之风。学习教育扎实有效，征求意见广泛深入，查摆问题严格认真，批评与自我批评严肃诚恳，边整边改动真碰硬，取得了显著成效，为全省国税系统开展第二批党的群众路线教育实践活动积累了宝贵经验。

二、加强监督制约，规范权力运行

结合工作实际，突出监督重点，创新监督方式，加大监督力度，进一步整合各种监督资源，充分发挥纪检监察、政策法规、督察内审、人事、巡视等内部监督主体的作用，加强对权力的监督制约，切实增强监督的针对性和有效性。

（一）全力服务税收工作大局。抓住中央、税务总局和省局重大决策部署执行情况、工程建设领域突出问题专项治理情况、权力运行的关键环节和提高税务行政效能等重点，认真开展执法监察和执法督察。

（二）进一步加强内部审计。全省系统对64个单位进行了财务审计，对19名领导干部进行了离任经济责任审计，对13名领导干部进行了任中经济责任审计，对发现的预算管理、财务收支、固定资产、项目经费、“三公”经费以及税收管理方面的问题及时制定整改措施，全面完善制度办法，大力堵塞管理漏洞。

（三）严格干部选拔任用工作。严格按照《党政领导干部选拔任用工作条例》选用干部，纪检监察部门对干部选拔任用等权力运行实施全过程监督，干部群众对干部任用的知情权、参与权、选择权、监督权得到有效保证。

（四）深入开展巡视工作。省局先后对5个单位的领导班子及其班子成员进行了巡视检查。深入查找问题，提出意见建议，督促被巡视单位抓好问题的整改落实。

三、强化廉政教育，增强廉洁自律意识

（一）全面开展廉政教育。以领导干部为重点，坚持开展以廉洁自律和党风党纪为主要内容的全员廉政教育。将党风廉政内容作为各类干部培训班必设课程，各级国税机关坚持每个季度至少组织开展一次全局性的廉政教育专题活动，并在全省国税系统组织开展了《税收违法违纪行为处分规定》及有关廉政知识考试。

（二）深入推进廉政文化建设。推进廉政文化进机关、进基层、进家庭，营造"以廉为荣、以贪为耻"的氛围，取得了显著成效。省局被命名为首批山西省省直机关廉政文化示范单位，并在省直机关廉政文化建设交流会上作了典型发言。全省国税系统共有19个单位被当地纪委评为廉政文化示范点。

（三）着力提升廉政意识。严格落实领导干部报告个人有关事项制度，认真落实专题民主生活会、巡视检查、廉政测评、述职述廉、谈话提醒等制度。2013年，省、市国税局主要领导分别对7名处级干部、147名科级领导干部进行了任前廉政谈话，对5名领导干部进行了诫勉谈话，对3名领导干部进行了函询。各级国税机关纪检组负责人同下级主要负责人谈话131人次。全省系统共有235名处级干部和1531名科级干部进行了述职述廉。省局由局领导带队，组成7个考核组对11个市国税局执行党风廉政建设责任制情况进行了检查考核，并对领导班子及班子成员进行了廉政测评。各级党风廉政建设领导小组对党风廉政建设责任制进行了检查考核。进一步强化了各单位和部门责任人的"一岗两责"意识。

四、严厉惩治腐败，增强办案效果

（一）加大信访举报核查力度。坚持做到对税务总局要求报送结果和反映处级领导干部的信访件，由省局统一组织核查；对向下转交，并要求报送核查结果的信访件，加大督办和审核力度，提高了各级国税机关纪检监察部门依纪依法查办信访举报的能力。

（二）进一步加大对违纪违法案件的查处力度。认真贯彻《国家税务总局党组关于进一步加强纪检监察部门查办案件工作的意见》和税务总局"二十四字"办案方针，突出案件查办重点，加强与有关部门的协调配合，主动查办案件。对查处的违纪违法案件，认真剖析，查找根源，总结教训，进行通报，并不断完善制度机制，大力堵塞管理漏洞，有效发挥案件查办的治本功能。

五、大力加强政风行风建设，树立国税部门良好形象

紧紧围绕税收中心工作，以政风行风评议为契机，采取有力措施，着力解决损害群众利益的突出问题，进一步规范执法，优化服务，创优环境，工作取得明显成效。

结合政风行风建设工作实际，就群众关心的落实税收优惠政策、改进纳税服务、提高办事效率等重点问题开展专项调查。由省局领导带领有关职能部门负责人先后四次参加"政风行风热线"，现场解答纳税人和社会各界提出的问题。在门户网站举办"局长在线访谈"活动，邀请纳税人代表及行风监督员代表，召开了政风行风听证对话会，组织专人对7个市国税局及14个县（区）国税局机关的税风税纪、纪律作风和工作秩序等方面的情况进行了明察暗访。针对发现的问题，强化措施，认真进行整改。各市、县国税局把政风行风建设工作紧紧抓在手上，制定措施，狠抓落实，从整体上进一步推动了政风行风建设工作向纵深发展。

在省政府组织的2013年度政风行风评议中，全省国税系统名列执法监督部门第一名，受到省政府的通报表彰。山西省国税系统连续十年被省政府评为政风行风评议先进部门。

（牛福来）

山西省国税系统被省政府评为2013年度政风行风评议先进部门

2 0 1 3 S X G S N B

十一 内部管理

围绕中心服务大局　发挥政务管理作用

2013 年 12 月 22 日，作为中央驻晋单位促进地方发展综合评价首批试点单位，山西省国税局接受省考核办检查考核

2013 年，山西省国税局政务管理工作紧紧围绕总体工作要求，牢固树立大局意识和服务意识，切实提高规范化管理水平和综合协调能力，进一步完善工作机制，改进工作作风，圆满完成了全年各项工作任务。

一、服务大局，着力提高辅助领导决策水平

一是提高质量，提升以文辅政的水平。切实增强针对性，不断改进文风，完成了全省国税工作会议、党风廉政建设会议以及省局机关党的群众路线教育实践活动动员大会等重要会议上的领导讲话 20 篇，以及向税务总局、省委和省政府领导的工作汇报 30 篇等。二是围绕大局，提高税收信息服务决策的价值。围绕重点工作，切实提高信息编报的及时性，有效发挥用信息反映工作、交流经验的作用。其中，关于金税三期上线运行工作的相关信息被税务总局王军局长批示 2 次。3 月份，被省政府办公厅授予 2012 年度“全省政务信息工作先进单位”称号。三是落实税务总局“三个三”要求，有针对性地制定出台具体措施。根据税务总局出台的“三个服务”和“三个实在”的要求，结合全省工作实际，研究制定了《关于推进职能转变　做好“三个服务”工作的通知》和《关于坚持求真务实　加强作风建设的通知》。制定了 30 条落实税务总局“三个服务”要求和 10 条落实税务总局“三个实在”要求的具体措施，保证了税务总局“三个三”要求在全省国税系统落地、落实。

二、立足全局，健全规范内部管理制度机制

一是加强内部管理制度建设。修订了《山西省国家税务局工作规则》《省局门户网站管理办法（试行）》，制定了《政务值班制度》，并会同监察室制定了落实中央八项规定的《省局党组关于进一步改进工作作风的实施意见》，为促进省局机关工作的科学化、规范化，加强全省国税系统作风建设提供了制度保障。二是严肃工作纪律。严格执行财经纪律，制定《财务审核小组工作制度》。加强预算管理，配合财监办完成了对省局机关财务工作及预算执行情况的检查。做好省局机关财务管理工作，圆满完成财务和政府采购等报表上报、网络版财务软件中基建模块上线及日常账务处理等工作。加强节庆论坛活动管理，对全省国税系统举办各类庆典、论坛、展会进行了摸底普查和清理规范。严格执行外事纪律，认真贯彻落实省外办和税务总局下发的各项外事规定，进一步规范全省国税系统外事管理工作。加强保密工作，举办全省国税系统保密普查培训班，开展保密普查工作，并完成了省保密局安排部署的“六五”保密法制宣传教育中期自查工作。

2013 年 4 月 1 日，山西省国税局与省地税局在山西省政府网联合举办山西税务局长在线访谈活动

三、完善考核，有效促进各项税收工作落实

一是加强督导检查。制定下发《山西省国税系统工作综合考核办法》和《省局机关工作综合考核办法》，建立了全面、客观评价工作质效的考核体系。二是作为中央驻晋单位促进地方发展综合评价首批试点单位，按照省考核办、省政府办公厅督查处的要求，制定了省局服务经济发展综合评价指标体系，省政府重点任务分解指标体系。同时，围绕考核目标，认真做好各项准备工作，精心做好自查和总结等工作，全面整理实证材料，顺利通过了省考核办的考核检查。

四、抓住重点，深入开展税收宣传

一是开展税收新闻宣传报道。围绕全省国税重点工作，进行广泛深入的宣传报道。2013 年，在《中国税务报》发表新闻作品 82 篇，在人民网山西频道、新华社山西频道、中国新闻社山西频道、山西日报等中央驻晋及省级媒体发表新闻作品 300 余篇。二是开展税收宣传月活动。围绕“税收·发展·民生”宣传主题，组织全省国税系统开展税收宣传月活动。与省地税局在山西省政府网联合举办了山西税务局长在线访谈活动；在《山西日报》刊登以《发挥税收职能作用，服务综改区建设》为题的局长署名文章；在山西新闻网开辟 2013 年山西省国税系统税收宣传工作专栏；开展“税收促转型跨越三晋行”记者采访活动等。三是优化、提升省局网站建设。对省局门户网站进行了改版，采用“一站两网”架构，搭建政务公开网和纳税服务网，2013 年省局内、

2013 年 8 月 22 日，山西省委依法治省领导组到山西省国税局进行“六五”普法中期检查督导

2013 年 11 月 12 日，山西省国税局举办综合办公信息系统上线业务培训

外网站共编发新闻报道 3600 余条。积极参加“第九届全国税收动漫大赛”，征集微电影、微博、博客作品 500 余篇，进一步扩大动漫宣传的作用和影响。全省国税系统共有 4 件作品获得奖项，省局被税务总局授予组织奖。四是认真做好“六五”普法工作。开展“六五”普法自查工作，顺利通过了省委依法治省领导组“六五”普法中期检查督导。认真做好无纸化学法用法及考试系统的安装、调试、指导及无纸化普法考试的组织工作，保障全局顺利参加了省委依法治省办组织的“六五”普法无纸化考试。围绕“12·4”全国普法宣传日普法宣传活动，大力开展普法宣传。2013 年省局被评为全国“六五”普法中期先进单位。五是大力推进政务公开，认真开展电子政务工作。加强制度建设，丰富公开载体，有效发挥政务公开作用，全年共发布税收信息、行政公告等内容 390 余条。8 月份，国务院办公厅电子政务办公室和税务总局办公厅电子政务处对省局的电子政务工作进行了调研指导，并给予了充分肯定。

五、强化责任，认真做好安全稳定工作

一是组织全省国税系统开展安全大检查。制定下发《安全大检查活动实施方案》，切实加强教育宣传，加大督导检查力度，积极落实整改措施，健全完善相关制度，有效防止了各类安全事故的发生。二是全面落实信访、舆情、应急管理“三位一体”工作机制。着力做好涉税舆情应对工作，同时结合全省金税三期刚刚上线的实际，对加强全省各办税服务厅的管理和疏导、强化涉税舆情监测引导、清理规范收费项目和精简涉税纸质资料报送等事项提出了明确要求，提高了办税服务质效。做好来信来访办理及其他工作，认真总结信访工作经验，省局撰写的信访案例被税务总局办公厅编入案例汇编并作为范本在全国推广。

六、精心组织，加强公文运转管理

一是做好“税务综合办公信息系统”上线运行的各项工作。科学制定实施方案，组建推行工作组，运用多种推行方法和手段，搭建迁移测试平台，制定操作规程。同时，细化工作方案，绘制任务计划进度表，严格按照计划进度开展工作。建立以推行工作组为总协调的省局、市局、县局三级上下联动机制，采取统分结合、阶段跟进、整体运作的模式，累计配置工作表 607 个、迁移总收文 46479 个、总发文 9859 个、部门收文 137567 个、部门发文 32276 个。编印《综合办公信息系统业务操作手册》，并邀请有关专家和技术人员，组织开展多层次全方位培训，为全省综合办公信息系统提供有力保障，确保了按时上线并平稳运行。二是规范公文运转。结合新公文处理办法实施情况，下发《进一步加强公文处理工作的通知》，并多次深入基层单位开展公文处理相关知识培训。组织开展全省国税系统公文处理工作的抽查和交叉检查，并根据抽查结果，对全省国税系统公文处理工作进行再规范，再明确，促进了公文格式更加规范，公文处理效率大幅提高。

七、高度重视，做好《山西国税年报》（2012 年）出版发行工作和税务报刊征订等工作

一是做好《年报》出版发行工作。首次与中国税务出版社合作，正式出版发行《山西国税年报》，扩大了宣传面，提升了影响力，受到了全省国税系统干部职工和社会各界的好评。二是做好税务报刊征订工作。切实加强组织协调，科学制定计划，明确使用范围，做好督促检查，确保不留征订空白，不留宣传死角，实现了征订工作的全面覆盖。三是做好税务总局、省委有关年鉴及经验交流材料等的供稿工作。完成《中共山西年鉴》（2013 版）、《中国税务年鉴》（2013 版）（彩色版山西国税篇）以及税务总局部署的政府信息工作、税收宣传工作和省委依法治省领导组安排的“六五”普法等经验材料的撰写供稿工作。做好《中国税务年鉴》的组稿和发行工作，有力地支持了《年鉴》的编纂出版工作。9 月份，在中国税务出版社组织的《中国税务年鉴》工作会议上，省局作了题为《存史资政 突出发挥年鉴作用 务实创新努力打造年报精品》的大会交流发言。

八、严格规范，认真做好运转保障工作

一是做好综合性会议和领导重要活动的保障工作。二是做好档案管理工作。圆满完成省档案局对省局档案室的复检检查，并被通报评为优秀单位。省局被省档案局评为 2012 年度档案统计年报工作先进集体。三是做好提案建议的答复工作。全年共答复省政协十一届一次会议提案 2 件，答复省十二届人大一次会议建议 9 件，办理工作得到省人大、省政协的充分肯定。

（安　耀）

增强服务大局意识　提升税收科研水平

2013 年，山西省国税系统税收科研工作紧紧围绕“服务科学发展，共建和谐税收”主题，贯彻“精品战略”思想，围绕中心工作，增强服务意识，深入开展科研活动，努力推介课题成果，税收科研水平进一步提升。

一、扎实开展税收科研课题研究

（一）确定重点课题研究任务。根据 2013 年税收中心工作，省局确定 9 个重点科研课题，即：建立税收风险监控分析机制研究、大企业税收管理研究、构建和完善税收执法监督体系研究、提升税收收入质量关键指标与路径研究、实施一级税务稽查模式研究、促进全省转型综改试验区建设税收政策研究、实现税收征管与纳税服务协调互动机制研究、加强国税部门党建工作研究、加强和改进巡视工作研究。同时，结合全省税收科研课题开展情况，承担了税务总局科研所、中国国际税收研究会和中国税务学会的 3 个课题研究任务。

（二）圆满完成税收科研任务。省局对 9 个课题进行分组确认，各课题组由省局局领导担任组长，各牵头单位“一把手”和省局有关处室负责人担任副组长。重点课题任务明确后，各课题组成员单位加强联系，着重就课题研讨方向进行讨论，细化分解任务，提出调研提纲与计划进度，经过精心调研，不断修改完善，确保课题研究任务圆满完成。

（三）组织税收科研骨干培训。适应新情况，组织由全省国税系统科研骨干 60 余人参加为期三天的科研骨干培训班，邀请山西大学、省委党校的专家授课，使大家进一步拓宽视野，提高税收科学研究能力。

（四）做好研究成果转化工作。由省局领导组织相关处室召开专题会议，对 2012 年重点课题《基层干部职工关心关注的热点难点问题调研报告》中反映出的问题，逐条研究整改意见，制定整改措施，出台整改报告，解决工作中存在的问题，切实为基层服务。

（五）税收科研取得新成果。一是省局共有 2 篇研究报告被税务总局有关部门采用，《税收风险管理探析》在《税收研究资料》第 6 期发表，《对我国开征教育税的若干思考改进》在《国际税收》第 1 期发表。二是《促进中部地区城市群发展的税收政策建议——以太原城市圈为例》一文，获得中国税务学会第六次全国税收学术研究成果二等奖。三是对 2012 年全省国税系统税收科研论文认真编辑，正式出版《山西省国税系统优秀论文集（2013）》。

山西省国税局出版的《山西省国税系统优秀论文集（2013）》

二、精心筹划《山西国税》杂志

（一）筹划“本刊专稿”专栏，全面准确反映 2013 年国税重点工作。根据省局工作部署，《山西国税》杂志第 5 期以本刊记者专访形式，采访各市局局长和省局部分处室负责人，畅谈如何做好 2013 年国税工作的基本思路和具体措施，引导全省国税系统干部职工做好本职工作。

（二）设置“市局专版”专栏，展示成绩，交流经验。为全面反映各市局的工作情况，介绍宣传各地在实施“五大工程”中的好经验，好做法，取得的成效，积累的经验等，《山西国税》杂志开设“市局专版”专栏，分期刊登各市局 2013 年的工作思路、部署、做法等情况，引导全省国

2013 年 8 月 23 日，山西省国税局科研工作座谈会在太原召开

税系统认清形势，统一思想，奋发有为，努力拼搏，为山西国税事业科学发展服务。

（三）设置“教育实践活动”专栏，全面反映省局机关教育实践活动开展情况。教育实践活动期间，《山西国税》杂志开设“教育实践活动”专栏，全面报道省局机关及各党支部党的群众路线教育实践活动进展情况以及学习心得体会，切实发挥宣传阵地作用。

山西省国税局主办的《山西国税》刊物

（四）策划专稿，服务税收中心工作。围绕“营改增”和金税三期上线，策划专稿，全面反映山西省国税系统在这两项重点工作的工作进展，取得成绩。配合8月1日“营改增”，推出“百日攻坚勇担当 决战决胜显风采”纪实报道。配合10月1日金税三期上线，推出“金三精神·奏响山西国税主旋律”《山西国税》专刊。

三、做好《山西省志·税务志》等的组织编纂工作

总结近年来《税务志》编纂工作情况，对《税务志》（1978—2003年）初审稿进行了全面的查遗补漏，修改完善。2013年，《税务志》（1978—2003年）样书已初步完成。另外，收集、整理关于2012年全省国税工作情况的相关资料，完成2013年版《中国税务年鉴》《山西年鉴》和《山西经济年鉴》山西省国税部分的撰写任务。

（董其文）

推进财务风险管理　提升财务工作水平

2013年，山西省国税系统财务管理工作以观念创新为引领、强化预算科学性为统领、优化支出结构为目的、改善工作条件环境为抓手、加强信息管税为助力，充分发挥了财务工作的服务和保障作用。

一、引入风险理念，基础工作不断夯实

（一）推行财务风险管理。将贯彻落实中央八项规定，反对“四风”问题等重大精神举措与财务风险防控工作紧密结合，制定《山西省国家税务局关于加强财务风险管理提高财务工作水平的意见》，提出“识别分析—等级排序—区别控制”的风险控制流程，由静态控制向动态控制延伸。结合工作实际，根据损失可能性、危害性等特征，按高、中、低分类共选出50个财务管理风险点。建立跟踪巡查机制，将风险点列入财务工作考核范围进行考核。努力促进财务管理工作实现科学化、规范化、精细化。

（二）落实各项制度办法。严格执行各项制度办法，并结合全省工作实际提出贯彻意见和具体要求，各项制度得到及时落实。深刻领会《行政单位财务规则》精神实质，正确掌握并严格落实各项规定，不断提升全省国税系统财务管理水平。制定《山西省国家税务局系统公务用车使用管理实施办法（试行）》，进一步加强和规范了公务用车的管理。

（三）不断推行财务公开。认真落实税务总局财务公开管理办法，对财务管理相关制度、经费支出、预算编制及执行、基本建设管理、资产购置和处置等情况，通过多种方式和不同渠道进行了公开，增强了财务工作透明度。

二、全力服务基层，保障职能不断加强

（一）加大经费保障力度。针对基层单位普遍反映的离退休经费、冬季取暖、办公用房租赁等部分公用经费不足问题，先后下拨了 4421 万元困难补助，其中 1761 万元用于离退休人员津贴补贴等经费问题，2660 万元用于解决贫困县局的公用经费不足问题。提高了基层税务干部的生活待遇，优化了基层办公环境。

（二）落实经费保障线制度。针对有 24 个基层预算单位保障线不达标的问题，在编制 2014 年“二上”预算时，将省局机关公用经费在上年基础上调减 220 万元，用于补助不达标单位的公用经费，保障了基层工作的正常运转。

（三）解决基层实际困难。针对 2011 年 8 月 1 日起国家提高了机关工作人员死亡一次性抚恤金发放标准而导致部分基层单位因经费紧张无力支付的现状，专门追加预算经费 1175 万元。并将全省国税系统的一次性抚恤金集中到省局统一支付，切实解决了一次性抚恤金提标后发放问题。

三、切实规范管理，预算水平不断提高

（一）加强预算编制管理。各级预算单位认真落实局长办公会集中审议预算制度，增强了预算编制的公开性和透明度；严格依据预算编制规程，采用科学合理的预算编制方法，提高了预算编制的准确性和合规性。

（二）加强预算执行管理。完善预算执行情况定期分析报告制度，对重点单位、重点项目进行专题分析，为监督预算执行和科学编制预算提供可靠依据。要求各预算单位按月

2013 年 9 月 26 日，山西省国税局召开全省国税系统财务采购工作座谈会

上报预算执行情况，及时掌握预算执行进度和项目绩效情况。按每季度对中央财政拨款预算执行情况进行通报，不断加强预算执行过程监督，确保资金安全运行，提高资金使用效益。

（三）抓好结余资金管理。按时完成全省国税系统2012年的《财政拨款结转和结余资金情况表》编制和上报工作。并结合实际情况，提出消化结转结余资金的方法，努力消化结转资金。加强了对财政拨款结余资金的统计、分析和统筹使用工作。

山西省国税局领导深入基层调研指导财务管理工作

四、坚持厉行节约，支出结构不断完善

（一）不断规范支出管理。严格控制一般性经费支出，降低行政运行成本，支出结构不断完善。加强与省财监办的协调配合，严格银行账户审批、备案和年检管理，坚决杜绝“小金库”和账外账。各级国税机关按照《行政单位财务规则》和会计核算管理的规定，完善会计科目设置，规范会计凭证、账簿和会计档案管理，确保了会计信息真实、完整。完成了2013年核算科目和核算软件的程序升级工作，提高了网络版核算水平。

（二）完善国库集中支付改革。重点加强财政性资金支付的管理，及时反馈财政部发现的疑点信息，认真落实纠正违规支付问题。圆满完成了预算批复审核、调整和上报用款计划等国库集中支付日常工作，保证预算单位用款额度按期到账，确保预算单位的正常支出。完成了省局机关金税三期，太原市迎泽区、大同市新荣区、长治市壶关县国税局办公楼和税务干部学校改造项目经费直接支付申请工作。

（三）规范非税收入管理。严格执行国税系统行政单位国有资产收入收缴管理规定，按规定对非税收入及时上缴中央财政专户。

五、严格落实政策，基建管理不断规范

（一）积极开展“三清”工作。按照《国家税务总局关于开展国家税务局系统停止新建楼堂馆所和清理办公用房及基本建设情况检查的通知》要求，省局及时成立了停止新建楼堂馆所和清理办公用房领导小组，制订了清理检查工作方案，并要求各级国税机关相应成立检查工作领导小组及办公室，切实加强组织领导，确保将国家各项规定落到实处。通过清理检查，全省系统停建项目共有48个（属新建的43个、购建的3个、改扩建的2个）。同时，全省系统110个已立项尚未完成竣工财务决算批复的各类项目进行了自查检查，通过单位自查和市局重点抽查，未发现违规问题。

（二）加大项目跟踪管理力度。以电话通知、约谈、发便函等形式定期对重点基建项目有关事项进行督办。省局对所有新建类项目、市局对所有修缮类项目进行全过程全方位跟踪管理和现场核查。

（三）严格基建项目立项审批。2013年共批准立项7个修缮项目和2个新建项目，并申请进入税务总局2013年项目库管理。严格执行规定，对2013年3月18日以后新申请的基建项目未作立项审批。

六、规范审批程序，资产管理不断强化

（一）严格审批资产配置处置。按照资产配置处置程序权限，对全省国税系统的车辆以及房屋建筑物类资产进行严格审批。完成自助办税终端设备调拨90台，价值191.7万元。

（二）接收原车购办划转移交财产。积极开展对原车辆购置办财产划转移交工作。经过同省交通运输厅委托的下属省交通运输执法局多次协商协调，按规定程序对8个市局已达成协议并确认的财产划转移交到国税系统。

（三）完成税务制式服装换装工作。按照规定进行了新一轮税务制式服装冬装和防寒服的换装工作。经过省局公开招标确定制作厂家、签订服装制作合同，顺利完成了服装制作和发放工作。同时，为2012年新录用的公务员266人制作和补发了春秋装和夏装。

山西省国税局领导深入基层调研基建项目建设情况

七、强化财务监督，内控机制不断健全

（一）开展日常财务监督检查。为深入贯彻依法理财、科学管理的要求，有效防范财务及政府采购管理风险，下发了《山西省国家税务局关于开展财务 政府采购管理监督检查的通知》，对各市局并延伸2个县局的财务风险管理、基本建设管理、公务卡执行、预算执行、公务用车清理、“三代”手续费使用及政府采购情况进行了监督检查。各市局在开展财务监督检查重点工作的同时，加大日常监督检查力度，不断完善监督检查措施，促进了各项财务管理制度的有效落实。

（二）开展新建项目专项检查。按照税务总局要求，对全省系统71个新建项目开展了基本建设新建项目的专项检查工作。通过清理检查，未发现违规问题项目。

（三）配合省财监办开展财政监督。配合省财监办对部分市局及其所属部分县（区）局的“三代”手续费的支出情况进行了专项实地抽查，均符合国家有关规定，未发现违规问题。同时，对全省系统167个单位的386个银行账户进行了年检，所有账户全部通过，切实规范和加强了全省国税系统银行账户管理。

（马存金）

严格规范采购管理　全面提高采购质效

2013 年，山西省国税系统政府采购工作认真贯彻执行各项政策规定，牢固树立大局意识、责任意识、服务意识、风险意识和效率意识，坚持依法、依预算、依计划、依目录、依程序采购，坚持公开、公平、公正的原则，全面推进政府采购各项工作，努力提升采购工作质效，为保障税收中心工作，节约行政经费，降低税收成本，服务全省国税事业科学发展发挥了积极作用。

一、完善工作流程，保障采购工作有序运行

一是围绕税务总局和省局的总体工作安排，年初制定了全年工作思路和计划，确定了全省国税系统政府采购工作要点，明确了全年工作任务。二是形成采购领导小组会议纪要公文。将采购领导小组会议纪要列入公文处理系统，使政府采购工作更加公开透明，监督范围更加扩大。三是进一步完善机关政府采购工作流程。根据机关工作实际情况，进一步明确政府采购中机关相关部门职责及办事流程。

二、强化政策落实，贯彻执行好各项政策规定

一是以贯彻执行好税务总局下发的《2013—2014 政府集中采购目录及标准》为契机，结合实际，制定下发了全省国税系统贯彻落实意见。特别是对分散采购的限额标准和要求，第一次在全省国税系统进行了明确规定，即，凡金额达到 20 万元的采购行为均纳入政府采购管理，更加规范了各单位的分散采购行为。二是贯彻落实好国家和税务总局关于在政府采购中促进中小企业发展的相关政策规定，在各项政府采购项目实施过程中，凡能体现这项政策的，均提出了明确的具体要求。

三、狠抓工作落实，圆满完成全年各项采购任务

牢固树立大局意识、服务意识、主动意识、责任意识和廉政意识，精心计划组织，认真开展工作，较好地完成了全年各项采购任务。

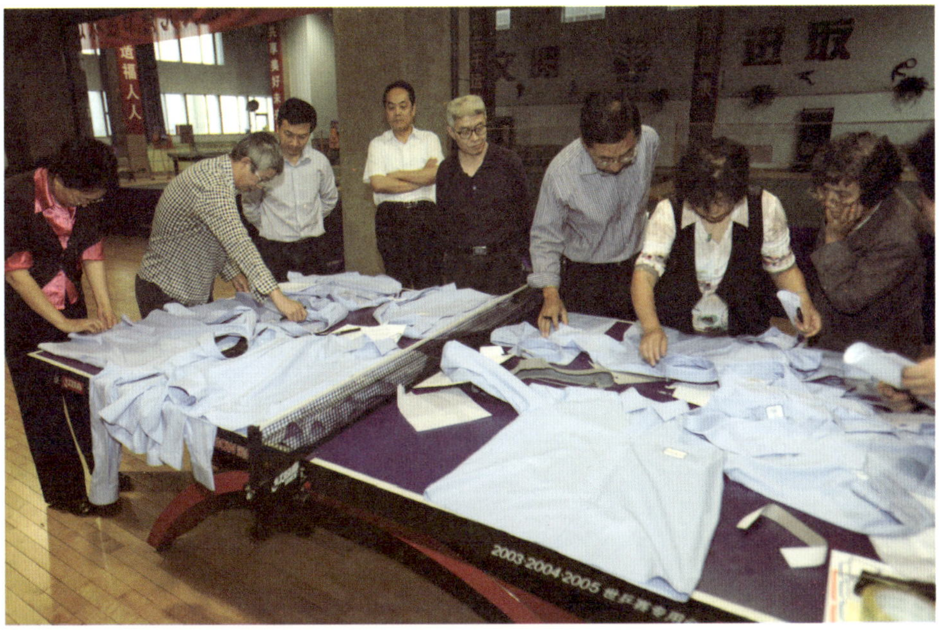

2013 年 9 月 18 日，山西省国税局系统制服项目评标会现场

一是抓好重大项目采购工作。按照税务总局要求和省局工作实际，相继完成了全省冬装和防寒服制作采购项目、全省高清视频会议系统采购项目、全省公务车辆加油定点采购项目、全省公务车辆保险定点采购项目、全省办公用复印纸定点采购项目等五个大型项目的公开招标采购工作。二是完成了“营改增”、金税三期等全局性重点工作的相关配套设备的采购任务，多次向税务总局汇报沟通协调，得到了税务总局领导的大力支持，

2013年11月13日，山西省国税局召开山西省国家税务局系统高清电视项目开评标会议

保证了设备采购的及时到位，为实现“营改增”、金税三期等工作按时上线运行提供了有力保障。三是完成省局机关多个项目的采购任务，包括税务综合办公信息系统上线项目、财务处资金监管系统上线项目、稽查局办案设备采购项目、机关服务中心办公家具和空调维修改造项目、省税务干部学校电梯采购项目等，为机关和系统的正常工作开展提供了有力的保障。四是及时为基层单位提供服务。对太原市、大同市、长治市国税局等基层单位提出的急需设备采购和超出限额标准的家具采购项目办理了授权采购等相关手续，为基层顺利开展工作提供了及时、便捷的服务保障。

四、开展多样化培训，不断提高业务水平

一是参加了全国国税系统政府采购工作专题会议和全国采购业务处长培训班。二是召开全省国税系统财务采购工作座谈会，在会上对各市局的采购骨干进行了业务培训，并对提出的有关问题进行了解答。三是深入基层加强业务指导和培训。针对新出台的政策规定，安排专人赴朔州市、忻州市对基层采购工作人员进行了集中业务培训，对市局政府采购工作进行了指导。

五、进一步强化监管，开展政府采购工作检查

进一步强化监管，对各市局的政府采购情况进行了全面检查，并延伸至两个基层单位进行检查。对检查中发现的问题，如：政府采购组织机构不健全，部分单位未成立政府采购领导小组，部分单位未严格履行政府采购程序，未通过协议供货渠道采购，未经审批采购协议供货中标产品范围外的货物等，以及政府采购工作中存在的风险情况进行了通报，并提出了具体的整改要求，使基层的采购行为更加规范。

（孙玉杰）

扎实开展优质服务 努力提升服务水平

2013年，山西省国税局机关服务中心以服务全局中心工作为主线，充分发挥机关服务中心服务、管理、保障的职能作用，扎实开展机关后勤“优质服务年”创建活动，圆满完成了各项工作任务。

一、 认真履行岗位职责，加强后勤日常管理

坚持以管理科学化、保障规范化、服务人性化为目标，围绕中心，服务大局，做了大量深入细致的工作。

（一）完善规章制度。按照中央八项规定的要求，结合机关后勤工作实际，修订和完善了机关公务接待管理办法、车辆及驾驶员管理办法以及机关服务中心党风廉政建设内控机制管理办法等一系列制度，规范了管理工作。

定期召开省局机关干部职工季度征求意见座谈会

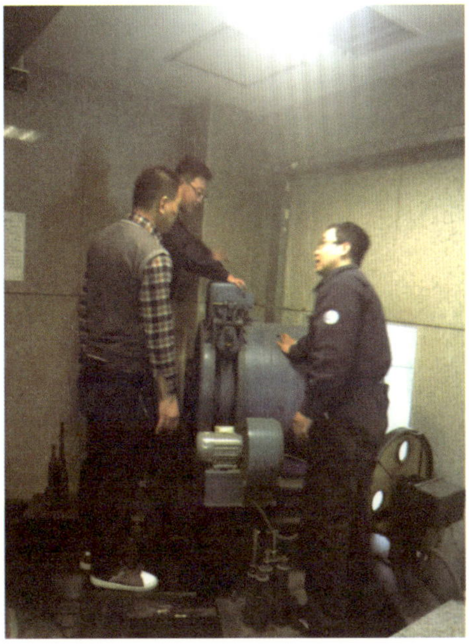

认真检修电梯设备

（二）狠抓平安机关建设。开展对机电设备、消防、车辆、食堂餐饮等重点工作的安全大排查，对发现的问题进行及时整改，将安全隐患消除在萌芽状态。建立中心负责人节假日带班巡查制度，对机关办公楼安保工作、重点区域设备运行情况、值班人员在岗情况进行经常性巡查，保证了办公楼的安全有序。

（三）维修改造机关办公楼。科学制订方案，精心组织施工，针对机关办公楼机电设备老化的实际情况，成立了机关服务中心办公楼机电设备改造工作组，组织专业人员对空调、配电、消防、管道、监控等各个系统机电设备的损坏情况进行认真检查，准确把握设备运行状况，科学制定改造方案付诸实施。

（四）严格执行政府采购制度。省局办公楼中央空调维修改造项目等较大规模的项目都严格按照程序由省局采购中心进行了公开招标采购，对于达不到集中采购限额的采购项目，比照集中采购的有关规定，按照有关采购工作流程，对办公家具、消防设备等项目进行了采购，全年节约开支 10 多万元。

（五）认真清理机关办公用房。根据中央有关规定，对省局机关办公用房进行认真清理，共腾退办公室 40 间，腾退面积 1258.45 平方米，现人均面积办公面积 8.67 平方米，达到了中央文件规定的要求。腾退的办公用房已统一调配使用，部分房间作为“营改增”、金税三期工程办公用房，其余 4 层办公室全部提供给太原市国税局稽查局使用，缓解了基层税务机关办公用房紧张的矛盾。

定期检查设备运行情况

二、开展“优质服务年”创建活动，提高后勤服务保障水平

根据全国税务机关后勤工作会议的要求，结合本地实际，扎实开展了机关后勤“优质服务年”创建活动，促进了省局机关各项工作的有效开展。

（一）定期召开征求意见座谈会，改进服务质量。根据省局领导的指示，在每个季度末召开机关后勤工作座谈会，征求机关干部职工对机关后勤工作的意见建议，并进行分类整理、答复，组织人员逐项落实，落实的情况在下一次座谈会上进行反馈。全年共召开座谈会 4 次，收集各类意见建议 110 多条，其中 80 多项已得到解决，其他部分问题也正在研究解决中。同时，对不符合政策、暂时不能解决的问题都做了耐心的解释。通过这项工作的开展，机关后勤工作的效率和群众满意度得到明显提高。

（二）搞好餐饮服务，在“营养”和“健康”上做文章。一是把好食品采购关，确保食品质量。二是把好食品卫生关，严格按照《食品卫生法》的要求，管理机关食堂和食堂工作人员，严格执行操作规程，保证了食品卫生质量。三是根据实际情况对一些菜品和主食进行了改良，提倡健康饮食。

（三）突出工作重点，为“营改增”和金税三期工程按时上线提供保障。一是优先保证金税三期工程办公用房。对机关部分办公室进行了整合，解决了金税三期工程办公场地不足的问题。二是优先保证“营改增”和金税三期工程所需要的设备和办公用品的配备和供给，新购置和调剂各类办公设备 92 台套，满足了重点工程设备的需要。三是优先保障重点工程工作用车，妥善安排借调人员食宿，让大家全身心投入到“营改增”试点和金税三期上线工作中。

三、加强政治和业务学习，努力提高后勤队伍整体素质

一是加强政治学习，全体人员积极参加省局组织的各类理论学习、讲座、知识更新培训班等，以理论武装头脑，提高了自身政治素养，增强了做好本职工作的使命感和责任心。二是扎实开展党的群众路线教育实践活动，多方征求群众的意见，认真开展批评和自我批评，带头查摆自身存在的问题，深入剖析问题的根源和危害，明确努力方向和整改措施，进一步增进了团结，促进了工作。三是注重干部职工的职业素质培养，加强人才队伍建设。开展多层次、多形式的专业培训活动，全年外派人员参加各类专业培训 20 人次，并邀请有关专家对安保人员和消防人员进行专业培训，干部职工队伍的专业化技能得到进一步提升，知识结构、专业结构得到优化改善。

（程其勇）

强化管理增加效益　加强培训提升技能

2013年，山西省国税局印刷厂紧紧围绕省局重点工作，保障国有资产保值、增值，向管理要效益，以质量求声誉，圆满完成省局下达的各项印刷任务。全年共印制常用发票29种（其中实施“营改增”后增加发票种类11种），总产量为15.0947亿份，上缴税款263万元。为保证“营改增”发票的供应，采取“请进来、走出去”的方式，邀请全国最大票据印刷厂的技术力量，对全厂员工进行指导培训，并派出生产骨干去优秀企业学习工作经验，同时对现有的已经超期服役的主要生产线机器进行大规模的维修与保养，为全省“营改增”试点工作提供了有力保障。一年来，进一步加强考勤、财务、质量等管理，强化职工日常技能培训和考核，全面提高了职工生产技术水平。

（尉为民）

严格把关印刷质量

认真做好印制工作

2 0 1 3 S X G S N B

十二 群团组织

全心服务干部职工　促进机关和谐建设

2013年，山西省国税局机关工会认真学习贯彻党的十八大、十八届三中全会精神和习近平总书记一系列重要讲话精神，按照全国工会十六大确立的总体要求，进一步加强和改进工会工作，围绕省局工作重点，发挥工会凝聚人心，鼓舞士气的作用，全心服务职工群众，为构建和谐机关发挥积极的作用，工会各项工作迈上了新台阶。

一是按照上级工会的部署，结合省局金税三期工程与“营改增”试点工作，积极向山西省财贸轻纺烟草工会开展的优质服务劳动竞赛活动推荐金税三期工程与“营改增”试点工作涌现出的先进集体和先进个人。阳泉市国税局荣获“山西省财贸轻纺烟草劳动奖状”；太原市小店区国税局纳税服务科荣获“山西省财贸轻纺烟草工人先锋号”；省局任志杰、晋城市局常建军荣获“山西省财贸轻纺烟草劳动奖章”。省局征管和科技发展处、稽查局分别被省直工委、省直机关劳动竞赛委员会授予“山西省直机关模范集体”“山西省直机关模范单位”。

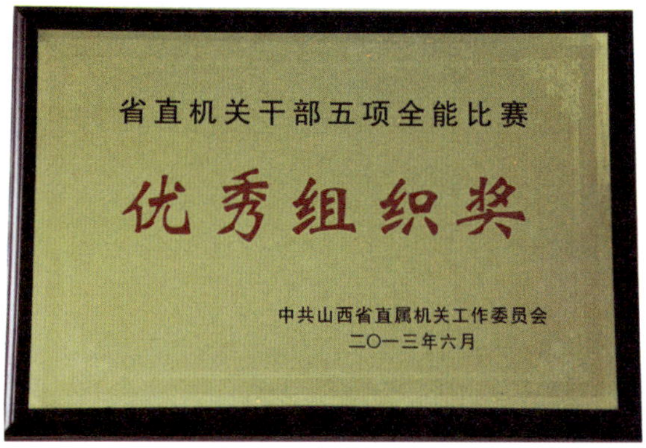

山西省国税局被省直工委授予省直机关五项全能比赛“优秀组织奖”

二是广泛开展全民健身活动，在机关营造浓郁的全民健身氛围。在组织好兴趣小组日常活动的同时，办好新春职工运动会，突出参与性和趣味性，做好竞技与趣味相融合，受到了干部职工的普遍欢迎。

三是组织参加了省直机关干部五项全能比赛活动，省局机关党委根据各党支部推荐报名情况，选派刘荣明、魏源两位选手参加了决赛。在有144个单位的249名选手参加的决赛中，两名同志全力以赴，奋力比拼，充分展示了省局机关党员干部的综合素养和才华，取得了优异的成绩。魏源取得五项全能决赛总成绩第十名，党的知识单项决赛第六名，荣获省直机关干部五项全能决赛二等奖，被省直劳动竞赛委员会记个人二等功；刘荣明取得五项全能决赛总成绩第四十七名，语言表达单项决赛第三名。省局机关获得了优秀组织奖。

四是选拔推荐太原市迎泽区国税局节目《迎泽赋》和太原市小店区国税局节目《阳光梦》参加省直机关迎国庆“我的中国梦”优秀文艺节目展演，并获得优秀表演奖和优秀创作奖。

五是代表局领导和机关干部职工看望慰问生病的干部职工，送去组织的温暖和关怀。

（乔瑞生）

附：山西省国家税务局机关工会委员会

主　席：贾志坚
副主席：乔瑞生
委　员：徐晓光　杨春虎　李景春　韩俊利　郑德明

青年税干奋发有为　攻坚克难勇挑重担

第二届共青团山西省国家税务局直属机关委员会成立于2001年3月7日，共有9名委员（其中：书记1名，副书记2名，组织委员2名，宣传委员2名，文体委员2名），下设第一团支部、第二团支部和省局太原培训中心团支部共三个团支部。截至2013年底，共有团干部和团员21人（其中：保留团籍的党员团干部和28周岁以下的青年党员18人，超龄团员3人）。

2013年，省局机关团委在机关党委和省直团工委的正确领导下，认真落实全省基层党建带团建会议精神，围绕中心、服务大局，立足本职、奋发有为，找准共青团服务大局、服务青年的结合点、切入点和着力点，积极组织开展团的各项工作。一是强化思想引领，构筑青年的精神高地，积极引领团员青年做坚定理想的青年、锐意进取的青年、牢记使命的青年；二是开展主题活动，按照省直团工委的统一部署，在省局机关团员青年中积极开展主题为“激昂青春志　铸就中国梦”的“三观”“三热爱”主题教育实践活动，组织团员青年积极参加省直团工委举办的“中国梦·中国魂”征文活动，省局机关康世炳同志的《给力青春，为梦想奋斗》征文获奖；三是抓好作用发挥，组织广大团员青年立足本职岗位，攻坚克难勇挑重担，在组织收入、依法行政、税收征管、纳税服务、信息化建设尤其是金税三期上线、“营改增”等重点税收工作中充分发挥了团员青年的生力军和突击队作用，为国税工作和省局机关和谐文明建设作出了积极的贡献。

（高向东）

附：第二届共青团山西省国家税务局直属机关委员会

书　　记：高向东

副 书 记：李俊珅　朱晋华

组织委员：高艳萍　段静斌

宣传委员：韩海金　牛军栋

文体委员：成永新　李　峰

突出特点改进方法　发挥妇女骨干作用

2013年，山西省国税局机关妇工委在省妇联和机关党委的正确领导下，围绕中心、服务大局，立足本职、发挥特长，内强素质、外树形象，紧密结合妇女工作特点，不断改进机关妇女工作的新途径和新方法，带领全体妇女同志勤奋学习、努力工作，积极组织开展各项活动，为全省国税事业科学发展和机关精神文明建设作出了突出贡献。近年来，多次获得省妇联授予的“三八红旗集体”和“三八红旗手”称号。2013年“三·八”国际妇女节期间，机关妇工委邀

2013 年 3 月 5 日，山西省国税局妇工委举办女性心理调适讲座

请山西大学范红霞教授为机关妇女作了“女性心理调适”讲座。通过讲座，促进妇女同志在工作生活中，提高自我意识，进行自我调节，向内心寻找快乐，向积极的方向寻找，树立积极向上、健康快乐的心理，为更好地做好本职工作起到推动作用。

（贠　云）

附：山西省国家税务局妇女工作委员会

主　任：王燕燕

副主任：孙爱萍

委　员：李东英　贠　云　仪华兰　原晋霞　李　彤

千方百计筹措资金　全力做好扶贫工作

根据山西省委、省政府的统一部署，2013 年山西省国税局定点帮扶石楼县龙交乡，联系石楼县罗村镇。一年来，省局第 25 批农村工作队立足龙交乡实际，牢牢把握推进核桃产业开发、确保农民增收这一根本，在帮扶思路、帮扶举措、帮扶投入上有新了新的突破，圆满完成了全年的扶贫工作任务。

一、积极筹措资金，全力支持龙交乡产业建设

一是积极争取省财政30万元资金，用于龙交乡核桃精品示范园的建设。二是争取到省财政20万元资金支持精品示范园田间路配套工程。三是争取省扶贫办田间路项目资金20万元，全面完成了寨子上至垣上村田间路建设工程。四是积极与省政府、吕梁市、石楼县相关部门沟通协调，落实扶贫专项资金30万元，完成2012年度阳崖村至王家庄村水泥路硬化工程的后续工作。

二、切实关注民生，努力取得社会广泛支持

一是发挥老党员、老干部作用，“七一”期间，邀请60多名卸任的老支部书记组织召开纪念建党92周年座谈会，征集大家对龙交乡工作的建议与意见；二是参加了龙交乡“庆六一”活动，向龙交乡250名学生和罗村镇350名学生赠送了书包、文具、字典等学习用品；三是参加了龙交乡庆祝第29个教师节表彰大会，慰问了50名教育工作者；四是关注困难群众的生产生活，对2013年受灾的80户困难群众进行了家访慰问。

三、加大智力扶持，不断提升乡村干部素质

一是争取图书800册，帮助龙交乡建成了图书室，统一印制赠送了笔记本，开设了道德讲坛，营造了浓厚的学习氛围。二是认真落实中央八项规定，制作了中央八项规定明白卡、五项制度通知，下发乡村两级干部。三是组织举办了三期专题培训。围绕核桃产业的发展，邀请省农科院、省农大知名专家就核桃的修剪、管护进行了集中培训，并在核桃林实地进行了现场演示。

2013年，省局扶贫工作受到省扶贫办、石楼县委县政府主要领导的充分肯定，受到了当地干部群众的一致好评，省局机关被省委干部下乡办公室评为“定点扶贫工作先进单位”，两名队员被评为“省委第二十五批农村工作队省直单位先进队员”。

（董树盛）

附：省局第25批农村工作队成员

队　长：董树盛

队　员：邓红林　丁树森　吴梅林　张雯

2013年3月20日，山西省国税局扶贫工作队参加省委驻石楼县农村工作队专题会议，汇报2013年度扶贫工作计划和重点项目

专家纵论经济税收　研讨奉献思想盛宴

一、成功承办高层研讨会

2013年4月20日，山西省国税局成功组织承办“经济社会与税收制度发展”高层研讨会

成功组织承办了由中国国际税收研究会、中国税务杂志社、山西省国家税务局、山西省地方税务局、山西省国际税收研究会共同主办的“经济社会与税收制度发展”高层研讨会。税务总局党组成员、副局长、中国国际税收研究会会长王力出席会议并作重要讲话。税务总局原副局长、中国国际税收研究会顾问郝昭成，厦门国家会计学院院长、教授、博士生导师邓力平，中国人民大学财政金融学院教授、博士生导师朱青，中国社会科学院财经战略研究院税收研究室主任、副研究员张斌等有关领导和专家参加会议，并分别发表精彩的主题演讲。演讲主题鲜明，理论深厚，现实意义强，具有宏观性、全局性和指导性，使大家开阔视野，提高认识，享受了一次丰富的思想盛宴。

二、积极开展群众性课题调研

承担完成中国国际税收研究会“优化纳税服务的国际借鉴研究”、中国税务学会“深化征管改革研究”研究课题，参加总会组织的课题研讨交流。参加中国国际税收研究会“中国居民企业‘走出去’的所得税征管与服务”精品性课题，完成所承担的基本法律制度等部分调研任务。

三、认真做好“两会”日常工作

根据工作要求，按时完成“两会”2012年团体会员会费收缴工作，接受中介机构对国际税收研究会年度财务决算审计。

（董其文）

附：山西省国际税收研究会第二届理事会

会　长：高建文

副会长：卢斌先　张华隆　刘彦侃　刘　义

秘书长：兰太萱

山西省税务学会第五届理事会

会　长：宋德晋

副会长：刘彦侃　刘　义　高献文　王学农

秘书长：冯国安

改进管理服务方法　加大行业支持力度

2013年，山西省注册税务师管理工作根据省局总体工作部署，切实加强注税行业监管，积极改进服务方式方法，圆满完成了各项工作任务。

一、安排部署2013年度全国注册税务师执业资格考试考务工作

先后完成发布考试公告、报名人员初审、汇总上报省局审核、报省人力资源和社会保障厅审核、征订发放教材、组织考试和巡视、印发“注册税务师执业资格证”等工作。2013年全省报名考试人数为3939人，比上年增加1171人，考试合格人员达131人。

二、加强对注册税务师行业的监管工作

认真组织开展2012年度税务师事务所及执业注册税务师年检工作，并对101家事务所、804名执业注册税务师进行了检查。年检中，对10名执业注册税务师取消执业资格，对存在问题的2家税务师事务所提出停业整改要求。注册税务师工作领导小组对2家税务师事务所进行了抽查，并组织省地税局税政、稽查人员对上年度开展土地增值税涉税鉴证业务的23家税务师事务所涉及房地产企业的进行了检查，对存在和发现的问题及时提出了整改意见。围绕执业准则、业务规程、业务准则以及执业资格、执业行为等方面对税务师事务所进行了抽查，进一步促进事务所规范化发展，更好地服务纳税人。

三、重新公布2013年土地增值税清算鉴证准入条件

为进一步促进和规范全省从事参与土地增值税清算业务的税务中介机构执业行为，对介入的税务师事务所进行了重新认定考核，公布了28家符合准入条件的税务师事务所参与土地增值税清算鉴证业务。组织开展土地增值税清算鉴证业务。举办土地增值税清算鉴证业务专题培训班，聘请税务总局业务专家授课，对相关280人进行了培训，收到了良好效果。

四、完成2012年度注册税务师行业年度报表审核汇总工作

完成2012年度注册税务师行业年度报表审核汇总工作，对事务所的基本情况、从业人员情况、机构情况、经营收入和规模以及鉴证业务情况进行了审核。

五、审核审批新的税务师事务所

严格按照税务总局关于税务师事务所设立条件，认真审核，从严把关，组织召开山西省注册税务师管理工作领导小组会议，研究了相关问题，并审核审批新的税务师事务所4家，为注册税务师行业注入了新生力量。

（闫国庆）

附：山西省注册税务师协会

会　长：李思温

副会长：李福升　徐景志　刘　义　闫国庆　赵乐先
　　　　张瑞清　王　旭

秘书长：赵乐先

2013年6月，山西省注册税务师工作领导小组到中汇山西税务师事务所开展工作调研

多平台展示新作品　全方位传播正能量

一、组织参加2013年中国平遥国际摄影大展

积极开展“魅力山西”书法摄影展览活动，以山西为主题，用艺术的手法反映山西自然风光、民俗民情、国税文化、人文精神等内容，讴歌山西的悠久历史，特别是山西在转型跨越中取得的巨大成就。聘请有关专家对从各市团体会员上报的856幅摄影作品进行评选，评选出115幅，并按照统一标准制作。“魅力山西·山西省国税系统摄影作品展”在2013年中国平遥国际摄影大展上成功展出，得到社会各方好评。大展结束后，将参展作品在省局机关二楼大厅安排布置，继续展出。活动的开展形式和作品内容得到税务总局和省委省政府领导好评和肯定。

二、举办“走进井冈山——学习感悟”摄影展

结合省局在井冈山税务干部培训基地举办的以坚定理想信念为主题，以体验红军生活、感悟井冈山精神为主线，以党员干部保持党的纯洁性学习教育为主要内容的干部更新知识培训班，及时安排布置作业，鼓励组织兴趣活动小组用镜头来记录井冈山的革命历史，感悟井冈山精神。组织评选出98幅作品，制作成大型展版，在省局机关文化展厅展出。通过一幅幅优美作品，抒发大家热爱祖国之情，坚定理想信念，寓兴趣于培训之中，创新革命传统理想教育开展形式，收到良好的效果。

三、设置网页举办网络摄影展

利用网络方便快捷、无成本、大容量等特点，在山西省国税局网站上开设“山西省国税系统书法美术摄影协会网页”，建设活动园地，供大家学习交流。目前，主要有2009年至2013年历年参加平遥国际摄影大展的作品。同时，邀请五位中国摄影家协会会员、山西省摄影家协会会员举办个人优秀作品展。通过网上交流，与全省国税系统摄影爱好者拉近距离，激发大家的创作热情，提升摄影水平。

四、成功出版书法美术摄影作品集

组织专业力量，精心挑选近年来部分书法、美术、摄影优秀作品共210余件，编纂《税苑清韵·山西省国税系统书法美术摄影作品集》画册。经过精心筹划、设计、编辑，画册于2013年正式出版。画册展示了山西国税文化建设的重要成果，反映了国税干部职工积极向上的价值理念和精神风貌。

五、在《山西国税》杂志开设作品交流园地

充分发挥《山西国税》杂志的作用，设置“典藏山西”“作品欣赏”等专栏，为广大摄影爱好者提供学习交流平台。“典藏山西”栏目，采用铜版纸彩色印刷，一期一幅作品，并附有约50字的文字说明，图文并茂，展现山西悠久的历史和自然风光，得到全国税务系统的认可，成为《山西国税》杂志精品栏目。

六、建设国税文化成果展厅

充分利用现有资源，在省局办公楼大厅建设布置国税文化成果展厅，面积达到280平方米，为摄影作品展示提供了场所，成为大家学习交流的阵地，更成为山西国税文化建设的重要载体和窗口。机关展厅多次接受税务总局和省政府领导的视察观看，得到高度评价。

（董其文）

附：山西省国税系统书法美术摄影协会

主　席：王德平

副主席：张有乾

秘书长：智秀隆

2013年，山西省国税局在中国平遥国际摄影大展成功展出“魅力山西·山西省国税系统摄影作品展”

山西省国税局“魅力山西·山西省国税系统摄影作品展”展区全貌

山西省国税局举办“走进井冈山——学习·感悟”摄影展

山西省国税局国税文化建设成果展厅

十三 机构和人员

2013 年山西省国家税务局系统机构及人员概况

山西省国税系统机构总数 713 个，其中：各级国税局机关 136 个，各级国税局直属机构（稽查局、直属征收分局）153 个，派出机构（税务分局、所）258 个，事业单位 166 个。

山西省国税系统从业人员总数为 14882 名，其中：正式人员 11989 名（公务员 11223 名，事业干部 229 名，工人 537 名），临时工 2893 名。正式人员中，女性人员 4326 名，占 36.1％；党员人数 8276 名，占 69％。全系统离退休人员总数为 3541 名，其中：离休人员 257 名，退休人员 2890 名，退职人员 14 人。正式人员基本情况见下表：

2013 年山西省国家税务局系统正式人员基本情况统计表

单位：人

总计			学历						学位		政治面貌				年龄							人员身份			人员分布			
	女	少数民族	研究生	本科	大专	中专	高中	初中及以下	博士	硕士	党员	团员	民主党派	群众	30岁以下	31岁至35岁	36岁至40岁	41岁至45岁	46岁至50岁	51岁至54岁	55岁以上	公务员	事业干部	工人	局机关	直属机构	派出机构	事业单位
11989	4326	62	249	6712	3708	481	679	160	4	364	8276	252	28	3433	1095	965	1326	2180	3381	1745	1297	11223	229	537	7191	2291	1741	766

山西省国家税务局领导名单

王学东 党组书记、局长
王德平 党组副书记、副局长
贾志坚 党组成员、纪检组长
张有乾 党组成员、副局长
范扎根 党组成员、副局长
王宏晋 党组成员、总会计师
牛新文 党组成员、总审计师

史爱生 副巡视员（兼太原市国税局党组书记、局长）
陈赵戟 副巡视员
苏长茂 副巡视员

山西省国家税务局机关及局属各单位处级领导名单

办公室

主　　任：吴素贤
副 主 任：岳青松
副调研员：卫　青　李　明
王跃峰（兼中国税务报社山西记者站副站长）

政策法规处

处　　长：高向东
副 处 长：牛军栋

货物和劳务税处

处　　长：张锁林
副 处 长：牛爱玲　范建华　马　慧
副调研员：陈丽萍

进出口税收管理处

副 处 长：董双革
调 研 员：王树模

所得税处

处　　长：赵　峰
副 处 长：韩海金
调 研 员：张亚鹰
副调研员：陈　钧

收入规划核算处

处　　长：杜飞彪
副 处 长：李国忠　原晋霞
副调研员：许怀生

纳税服务处

处　　长：葛忠明
副 处 长：魏　源
调 研 员：裴秀珍

征管和科技发展处

处　　长：曾随正

副 处 长：刘晓民　刘　伟
调 研 员：周　舸
副调研员：张一鸣　焦卫正

财务管理处
处　　长：沙　宏
副 处 长：王　惜　毛　劢
副调研员：邓红林　马存金

采购中心（挂靠财务管理处）
主　　任：张　盛（财务管理处调研员）
调 研 员：李光焕

督察内审处
处　　长：李晓琳
副 处 长：邓建军
副调研员：仪华兰　路红梅

人事处
处　　长：周增峰
副 处 长：段静斌
副调研员：郭晓霞

巡视工作办公室
主　　任：李东英
副 主 任：李　峰
副调研员：张保云　贠　云

教育处
处　　长：智秀隆
副 处 长：雷平玉　杨春虎
副调研员：王明明

监察室
主　　任：孙爱萍
副 主 任：王群如　董树盛
副调研员：李裕德　牛福来

国际税务管理处
处　　长：王燕燕
副 处 长：赵永强　杨淑莲

大企业税收管理处
处　　长：冀　康
副 处 长：张文君　王宏伟
副调研员：李潞娅

机关党委办公室（思想政治工作办公室）
主　　任：朱志平
副 主 任：乔瑞生

离退休干部处
处　　长：刘素泰

稽查局
局　　长：侯树森
副 局 长：易东东　韩建刚
副调研员：傅国强　王　茜　王丽英

信息中心
主　　任：李俊珅
副 主 任：张　冰

机关服务中心
主　　任：安　儒
副 主 任：成永新

税收科学研究所
副 所 长：刘荣明　贾志敏　杜建英
调 研 员：兰太萱
副调研员：刘怀恩

注册税务师管理中心
主　　任：闫国庆

副 主 任：张 勇
副处待遇：武世樊

山西省税务干部学校
校 长：程 兵
党支部书记：尚酒生
副 校 长：王秀文 史建宏 王永刚

山西省国家税务局太原培训中心
主 任：杨云峰
党支部书记：段全林
副处待遇：王一凡

山西省国家税务局忻州培训中心
副 主 任：康 剑（副处级）

山西省国家税务局五台培训中心
主 任：宋润青

山西税务学校印刷厂（挂靠山西省税务干部学校）
厂 长：尉为民（正处级）

天瑞商务酒店（挂靠山西省国家税务局太原培训中心）
总 经 理：徐晓光（正处级）

山西省国家税务局系统副处级以上干部名单

太原市国家税务局
局 长、党组书记：史爱生
副 局 长、党组成员：张力钧（正处长级）
党组成员：郑和平
副 局 长、党组成员：徐晋甫
纪检组长、党组成员：赵胡拴
副 局 长、党组成员：金致敏 刘 强
总经济师、党组成员：赵和成
总会计师、党组成员：司新文
副调研员：冀广雨 冯进清 贾新顺 赵培芬

太原市国家税务局稽查局
局 长：陈东宇

太原高新技术产业开发区国家税务局
局 长、党组书记：郑和平（兼）
副局长、党组成员：张海波（正处级） 牛俊梅 侯俊斌
调研员：杨永智

太原经济技术开发区国家税务局
副局长、党组副书记：王旭斌
副局长、党组成员：谢世军 毛盛华 李润仙 吴晋清
纪检组长、党组成员：毛永胜

太原市民营经济开发区国家税务局
局 长、党组书记：师旭峰

太原不锈钢产业园区国家税务局
局 长、党组书记：焦永康

保留处级待遇干部
柴建波 太原市国家税务局大企业税收管理分局局长（副处级）
高林梅 太原市国家税务局直属税务分局副局长（副处级）
宋剑刚 太原市国家税务局直属税务分局副局长（副处级）

大同市国家税务局

局　长、党组书记：马利荣

副局长、党组成员：杨　美　彭　利　张真理　帖梅山

副局长：张淑萍（挂职）

总会计师、党组成员：吴红霞

纪检组长、党组成员：王秉直

调 研 员：王增明

副调研员：刘　武　张　弘　张存玺　吉　元

大同市国家税务局稽查局

局　长：樊河太

大同市国家税务局经济技术开发区税务分局

局　长：王新民

保留处级待遇干部

寇桂金　大同市国家税务局直属税务分局（大企业税收管理分局）局长（副处级）

李春平　大同市国家税务局车辆购置税征收管理分局局长（副处级）

杨宏斌　大同市国家税务局稽查局副局长（副处级）

霍　祥　大同市国家税务局　副处级待遇

阳泉市国家税务局

局　长、党 组 书 记：刘守功

副 局 长、党组副书记：程喜生（正处级）

副 局 长、党 组 成 员：李兴文　杨瑞林　王志刚

纪检组长、党 组 成 员：李显斌

总经济师、党 组 成 员：胡国胜

总会计师、党 组 成 员：赵银启

副调研员：刘丽萍　蔡桐忠　段义锁

阳泉市国家税务局稽查局

局　长：骈秋保

阳泉市国家税务局经济技术开发区税务分局

局　长：张福贵

保留处级待遇干部

陈本慧　阳泉市国家税务局直属税务分局（大企业税收管理分局）局长（副处级）

长治市国家税务局

局　长、党组书记：李军

副 局 长、党组成员：张晓红　靳胜德　李国庆　缑俊强

总经济师、党组成员：张贵喜

纪检组长、党组成员：郎俊生

副调研员：刘红春　李晋锋　倪新顺　王雁飞

长治市国家税务局稽查局

局　长：宋满堂

长治市国家税务局高新技术试验开发区税务分局

局　长：王云

保留处级待遇干部

关建斌　长治市国家税务局车辆购置税征收管理分局副局长（副处级）

田　茹　长治市国家税务局车辆购置税征收管理分局副局长（副处级）

姬建国　屯留县国家税务局党组书记、局长（正处级）

晋城市国家税务局

局　长、党组书记：王富明

党组成员：杨全民

副 局 长、党组成员：关保利　张忠义　王余屯

总经济师、党组成员：段胜平

副调研员：陈明太　宋建中　郭欣海

晋城市国家税务局稽查局

局　长：霍新跃

晋城市国家税务局经济技术开发区税务分局

局　长：杨全民（兼）

保留处级待遇干部

樊海林　晋城市国家税务局直属税务分局（大企业税收管理分局）局长（副处级）

李联社　晋城市国家税务局离退休干部科科长（副处级）

弋晓斌　高平市国家税务局党组书记、局长（副处级）

朔州市国家税务局

局　　长、党组书记：房建殊

副 局 长、党组成员：杨志朝　李金胜　丁　瑞　李生双（正处级）

总经济师、党组成员：黄　镇

纪检组长、党组成员：崔　凯

副调研员：张玉平　尹世民　韩　翠　胡金荣

朔州市国家税务局稽查局

局　长：刘　琪

朔州市国家税务局经济技术开发区税务分局

局　长：王建国

保留处级待遇干部

刘子林　朔州市国家税务局车辆购置税征收管理分局局长（副处级）

忻州市国家税务局

局　　长、党组书记：朱东宏

副 局 长、党组成员：刘庶田　张　如　杨丑贵　李凯民

纪检组长、党组成员：刘富民

总会计师、党组成员：杨世明

调 研 员：王富文

副调研员：张昌田　乔九玲　闫书平　杜来拴

忻州市国家税务局稽查局

局　长：王雪峰

忻州市国家税务局经济技术开发区税务分局

局　长：张桂芳

晋中市国家税务局

局　　长、党组书记：李树茂

副 局 长、党组成员：杨瑞平　王子贞　郭兆德　王忠寿

纪检组长、党组成员：高奇峰

总会计师、党组成员：赵耀良

调 研 员：崔小平　贾益胜

副调研员：郭彦林　王永宏　任建国　王继先

晋中市国家税务局稽查局

局　长：梁振伟

晋中市国家税务局经济技术开发区税务分局

局　长：梁永明

吕梁市国家税务局

局　　长、党 组 书 记：冯成平

副 局 长、党组副书记：武　福（正处级）

副 局 长、党 组 成 员：雷少敏　杨立坚　刘德智

纪检组长、党 组 成 员：石建明

总经济师、党 组 成 员：李　江

副调研员：米育斌　高　庆　问冶华

吕梁市国家税务局稽查局

局　长：裴书海

临汾市国家税务局

局　　长、党组书记：陈赵戟
副 局 长、党组成员：陈长森　王化一
　　　　　　　　　　王学敏　韩传春
纪检组长、党组成员：王　兵
调 研 员：李振纲
副调研员：王树生　贾建平　韩一明　杨圣贤

临汾市国家税务局稽查局

局　长：郭晓旗

临汾市国家税务局经济技术开发区税务分局

局　长：程立新

临汾市国家税务局侯马经济技术开发区税务分局

局　长：董秋建

保留处级待遇干部

樊清仁　临汾市国家税务局正处级待遇
张明泉　临汾市国家税务局副处级待遇

运城市国家税务局

局　　长、党组书记：马红岩
副 局 长、党组成员：马福山　王元智　李　军
纪检组长、党组成员：刘　强
调 研 员：赵志武
副调研员：原文泽　杨树人　李春龙　彭林榜
　　　　　冯　勤　李建设　赵春生

运城市国家税务局稽查局

局　长：冯建国

运城市空港新区国家税务局

局　长、党组书记：王青钢

运城市国家税务局经济技术开发区税务分局

局　长：马旭杰

运城市国家税务局绛县经济开发区税务分局

局　长：张　健

运城市国家税务局风陵渡经济技术开发区税务分局

局　长：李一民

保留处级待遇干部

董建华　绛县国家税务局党组书记（副处级）

各县（市、区）国家税务局局长名单

太原

迎泽区国税局：王俊杰　　杏花岭区国税局：王慧渊
尖草坪区国税局：郑根会　　万柏林区国税局：王文平
小店区国税局：司新武（主持工作）
晋源区国税局：麻瑞刚　　古交市国税局：刘瑞峰
阳曲县国税局：高保文　　清徐县国税局：李建功
娄烦县国税局：徐光远

大同

城区国税局：李志斌　　矿区国税局：董　荣
南郊区国税局：张维平　　新荣区国税局：王永红
大同县国税局：郝玉伟　　阳高县国税局：汤　存
天镇县国税局：范　河　　浑源县国税局：邢若斌
灵丘县国税局：李建田　　广灵县国税局：刘指广
左云县国税局：程　军

阳泉

城区国税局：冯　熠　　矿区国税局：武卫国
郊区国税局：刘福权　　平定县国税局：孙典国
盂县国税局：李喜元

长治

城区国税局：李燕波　　郊区国税局：闫二斌
潞城市国税局：李建军　　长治县国税局：李跃伟
长子县国税局：岳进红　　屯留县国税局：姬建国
壶关县国税局：冯海军　　平顺县国税局：王小军
襄垣县国税局：苗毅敏　　黎城县国税局：李建斌
武乡县国税局：刘海燕　　沁县国税局：史旭红
沁源县国税局：胡云江

晋城

城区国税局：秦广林　　泽州县国税局：孙安中
高平市国税局：弋晓斌　　阳城县国税局：王翼城
陵川县国税局：张欣义　　沁水县国税局：杨振亮

朔州

朔城区国税局：王建国　　平鲁区国税局：林建平
山阴县国税局：薛　震　　怀仁县国税局：穆希才
应县国税局：张　权　　右玉县国税局：王　钊

忻州

忻府区国税局：陈乃林　　定襄县国税局：杨冬云
原平市国税局：赵岳峰　　五台县国税局：郭　静
代县国税局：马秀山　　繁峙县国税局：周俊平
宁武县国税局：贺利民　　静乐县国税局：高润生
神池县国税局：赵惠喜　　五寨县国税局：顾有柱
岢岚县国税局：李建云　　河曲县国税局：李　强
保德县国税局：路在裕　　偏关县国税局：齐志平

晋中

榆次区国税局：李小静　　太谷县国税局：王守清
祁县国税局：卢新民　　平遥县国税局：程万船
介休市国税局：李　虎　　灵石县国税局：赵克宝
寿阳县国税局：王敏锋　　昔阳县国税局：王富平
和顺县国税局：文占胜　　左权县国税局：范彦春
榆社县国税局：张　凯

吕梁

兴县国税局：韩　峰　　岚县国税局：刘艳锋
交城县国税局：卞建忠　　文水县国税局：王春涛
汾阳县国税局：孔令华　　孝义县国税局：任万忠
交口县国税局：宋瑞仓　　石楼县国税局：贾建强
中阳县国税局：李　江（兼）　　柳林县国税局：王全寿
临县国税局：郭跟东　　方山县国税局：马继明
离石区国税局：闫治华

临汾

尧都区国税局：赵培福　　侯马市国税局：张永安
曲沃县国税局：刘　斌　　翼城县国税局：徐胜云
襄汾县国税局：徐文明　　洪洞县国税局：杨海青
霍州市国税局：米玉峰　　古县国税局：唐　杰
安泽县国税局：王永红　　浮山县国税局：程重元
吉县国税局：郝志刚　　乡宁县国税局：张学明
大宁县国税局：李海林　　永和县国税局：张永林
隰县国税局：孙建军　　蒲县国税局：陈长森（兼）
汾西县国税局：吴晓军

运城

盐湖区国税局：王红旗　　永济市国税局：王红岩
河津市国税局：薛继清　　芮城县国税局：李跃红
万荣县国税局：杜善忠　　临猗县国税局：刘转林
新绛县国税局：孙一平　　稷山县国税局：闫维中
闻喜县国税局：张向丰　　夏县国税局：徐为远
绛县国税局：靳灶峰　　平陆县国税局：杨永红
垣曲县国税局：张宏武

十四 市局工作

太原市国税局局长史爱生（左二）深入基层参加指导基层工作推进会

埋头苦干狠抓落实　攻坚克难再谱新篇

——太原市国家税务局

2013年，太原市国税系统认真贯彻省局各项工作部署，以依法行政为统领，以提高征管质量和效率为中心，突出核心业务和队伍建设两个重点，努力提高组织收入质量，全面实施税源专业化管理，稳步推进纳税服务转型，不断激发干部队伍活力，夯实基础、规范管理，改进作风、狠抓落实，各项工作实现了新突破，取得了新进展。

一、攻坚克难，组织收入任务顺利完成

2013年，面对严峻的组织收入形势，全市国税系统牢固树立大局意识，强化管理，堵漏增收，全力以赴组织税收收入，实现了收入总量和质量的整体提高。全年，全系统累计完成税收收入231.96亿元，同比增长2.6%，增收5.87亿元。通过强化纳税评估、税务稽查等措施入库税款9.03亿元，清理陈欠以及呆账税款342万元，连续10年保持“零新欠”。同时，不折不扣落实各项税收优惠政策，依法办理减免抵退税40.5亿元，有力支持了全市率先转型跨越发展。

二、奋力拼搏，“营改增”取得预期效果

对内强化培训，对外积极宣传，强化保障支撑，“营改增”工作稳步推进。管户接收、划分、核实、确认、信息录入与维护工作圆满完成，发票供应全面到位，试点一般纳税人培训面达到100%。8月1日零点，顺利开出全省第一张现代服务业增值税专用发票。9月征期，所有纳税人顺利进行纳税申报，税务部门日常管理、税款征收秩序良好。截至2013年年底，全市系统接收管户10070户，认定一般纳税人1673户，征收税款2.26亿元。

三、众志成城，“金税三期”工程按时上线运行

10月8日，“金税三期”工程在全市系统正式上线运行，截至年底共征收税款59.6亿元。在系统上线准备阶段中，坚持在晚上和凌晨错峰工作，保质保量完成了15.6万条数据核实、修正和补录工作。上线过程中，共发现9大类201个问题，市局核心团队攻关解决150个，向省局反馈解决51个，提出建议和意见15条。系统上线后，及时制定各项应急预案，成立运维团队，建立了问题处理快速反应机制，确保税款安全足额入库和纳税人正常办税。“金税三期”上线工作得到了税务总局和省局领导的充分认可。

2013年6月13日，太原市国税局举行“倾听纳税人心声　敬请纳税人评议”活动

四、突出内控，依法行政工作有了新进展

有效防控执法风险，全年推送执法风险信息6.6万条，查补入库税款45.17万元。规范执法行为，完善重大税务案件审理，全年审结案件34件，累计查补税款4960.6万元。围绕虚开增值税专用发票案件等难点事项，开展“典型案例大讲堂”活动。强化执法监督，组织执法案卷专项评查，评选优秀执法案卷20件。编写下发《税收执法督察工作检查指南》，将执法督察、执法监察、较大型企业所得税检查合并实施综合检查，避免了多头重复检查。坚持“执法五制”统领，系统考核执法正确率继续保持100%。充分发挥稽查职能作用，大力整顿和规范税收秩序，税收专项检查和专项整治工作成效明显，破获20起制售贩卖假发票案件，稽查查补入库税额3.37亿元。

五、加强管理，征管质量和效率进一步提升

深入开展风险管理。加大信息采集力度，全年采集各类涉税信息数据12.1万条；积极进行风险应对，各项风险应对任务圆满完成；扎实开展纳税评估，入库税款同比增长12.53%。建立石油石化、烟草、银行、电信和电力等五个行业的税收风险特征库。全面夯实征管基础。按季开展征管状况分析，查找管理中的薄弱环节；修订定额核定管理办法，定额调整面达到87%；拓宽多元化申报缴税渠道，财税库银划缴的税款已达入库税款的97.4%。持续加大对票表比对异常查处工作的督导力度，补缴入库税款110万元。全面防范和打击虚开、虚抵增值税专用发票等违法行为，深入开展增值税专项核查，查补入库收入496.7万元，成功征收全国首笔通过中介组织引进优秀运动员的非居民企业所得税2.12万元；严格执行出口退税限时办结制，全年退免税19.47亿元，同比增长54.4%；全年免征车购税2899万元，免收发票工本费1425.5万元。

六、响应需求，纳税人遵从度和满意度有了新提升

启动"纳税人之家"服务品牌创建活动，开通纳税服务网，开设网上课堂，实现网上学校和实体学校相互推进。采集纳税人意见和建议1200余条，回复率达到100%；连续第5年组织开展"大走访、大调研、大服务、大整改"活动，其中2013年走访纳税人9700户，收集整理5方面215个问题，全部予以解决或答复。创新纳税服务举措，将所有涉税调查事项和部分依职权的审批事项前移至办税服务厅，实现前台服务和后台管理的有效衔接。推行全职能"一窗通办"，实行重大项目跟踪服务。

七、双轮驱动，干部队伍建设、文明创建再上新台阶

坚持以党建为龙头，抓党建、带队伍、促工作，扎实开展了"学习型、服务型、创新型"党组织创建活动，各级党组织的战斗堡垒作用进一步发挥。组织实施并顺利完成科、股级领导岗位竞争上岗，共选拔科股级干部54名，交流调整干部53名。组织开展以"聚集正能量 引领新发展"为主题的第九届国税文化月系列活动，坚持不懈开展干部教育培训，开设青年干部财务会计常训班，对全市系统140名35岁以下青年干部进行专门培训。举行"税收管理业务能手"竞赛考试，选拔了60名市级"税收管理业务能手"，48名同志被授予省级"税收管理业务标兵"称号。

八、惩防并举，反腐倡廉和政风行风工作取得了新成绩

深入落实党风廉政建设责任制，认真履行"一岗两责"，强化督促检查，狠抓责任落实。坚决贯彻中央"八项规定"及税务系统"三个禁止"，出台《关于改进工作作风 密切联系群众的实施意见》等相关制度。以内控机制为抓手，进一步加强惩防体系建设。深入开展"贴近纳税人 服务纳税人"专项活动，彻底解决在劳动纪律、服务效能等方面存在的7类80个问题。连续第4年开展"倾听纳税人心声，敬请纳税人评议"活动。强化党风廉政教育，廉政文化建设成绩突出，被市纪委指定为"树立公仆意识、强化从政道德"警示教育参观单位。继续强化两权监督，对重点岗位、关键环节和作风建设等3方面9大类27项内容进行了监督检查；认真开展"一案双查"，查实涉及29户企业，经济惩戒6人（次），批评教育7人（次）。

2013年7月31日，太原市国税局举办"聚集正能量 唱响主旋律"歌咏比赛

2013年，全市国税工作取得了新成绩、新进展。在全省系统目标责任制考核中连续第7年夺得了第一名，获得全省系统小企业会计准则抽考团体第一名和个人第二名，取得税收管理员业务标兵竞赛团体第二名、包揽个人前三名及标兵总数占全省总数23%的好成绩，党建工作纪实片"为民情怀"荣获中组部组织的全国党员教育电视片一等奖，《炼焦行业纳税评估模型》获得2012年度全国百佳行业纳税评估模型，税收宣传独幕话剧《责任》获得税务总局第22个税收宣传月优秀项目，全市系统各单位分别取得全国巾帼文明岗、山西省五一劳动奖状、工人先锋号、山西省三八红旗集体、山西省青年文明号等省级以上荣誉50余项。

大同市国税局局长马利荣（左三）深入基层办税服务厅督导金税三期工程上线工作

改进作风求真务实　推动事业科学发展

——大同市国家税务局

2013年，大同市国税系统认真贯彻党的十八大精神，坚持严要求、细管理、重落实、求创新的理念，在专业化管理、纳税服务、执法监督、干部绩效考核“四个体系”上求突破，推动基层建设、基础管理、基本素质“三基建设”有效提升，为经济社会转型发展作出了新贡献。

一、把握主动，注重质量，依法组织税收收入

面对错综复杂的经济税收形势，始终坚持组织收入原则，加大督查督导力度，强化税收收入分析预测，加大重点税源监控预警，严格征收管理、重点评估稽查、大力清缴欠税、积极堵漏增收，力争应收尽收，连续四年实现年末“零新欠”。同时积极向省局和市委、市政府汇报，取得理解与支持，把握组织收入工作的主动权。2013年，全市国税收入完成109.47亿元，其中：与地方财力挂钩收入累计入库103.63亿元。

二、发挥职能，提升站位，全力服务发展大局

不折不扣落实结构性减税政策和税收优惠政策，全年共办理减免抵退税 12.07 亿元。积极落实并完成市政府安排部署的各项工作任务，全力助推全市“十大工程”深入实施。积极向市政府提出关于总部经济促进地方经济发展的建议、争取有利于转型综改试验区建设的税收政策建议和大秦铁路公司“营改增”后对全市税收财政的影响建议，得到了市委、市政府及有关领导的充分肯定。

三、规范执法，严厉打击，扎实推进依法行政

严格执行税务行政处罚自由裁量权标准，全年实施行政处罚 1145 户次，金额 17.47 万元，细化行政处罚自由裁量权的效果初步显现；组织基层单位召开税收执法案卷评查推进会，通过采取人机结合评查、“背靠背”互查、逐户点评汇报的形式，达到互相学习、互相促进的目的；统筹安排各类对外执法，9 月份统一开展全市组织收入专项检查，查补税款 8457.65 万元，实现“一次进户、各税统查”，解决了多头重复下户问题；加大税务稽查力度，严厉打击发票违法犯罪并取得突出成绩，受到税务总局的通报表彰，全年稽查查补入库税款 1.02 亿元，有力地维护了税收秩序。

四、便民办税，减负增效，持续优化纳税服务

开展“星级办税服务厅”评选活动，市局直属局、城区局、南郊区局办税服务厅被评为五星级。积极探索“金税三期”核心征管系统下“同城办税”的应用，建设“纳税人之家”征纳沟通新平台，在基层单位、企业和专业市场设立了 35 个“纳税人之家”，共开展宣传辅导、监督评议等活动 52 场；由税务干部原创作品改编的税收电视文学和图书漂流等一系列税收宣传活动得到了纳税人和省局的认可；“十项承诺”、“八项公开”、简并征期、简易征收等规定的实施以及“一窗通办”、自助办税、网上办税的推广，全面提高了办税效率。

五、坚持创新，扎实推进，稳步实施税收改革

车辆税收专业化管理试点工作有序推进，大企业税收专业化管理改革准备就绪；“营改增”试点工作取得阶段性成果，首期申报试点纳税人 1183 户，入库增值税 587.82 万元、文化建设事业费 14.74 万元，代开发票 412 份。举全局之力，集全局之智，实现金税三期工程如期顺利上线，展示了大同国税干部攻坚克难的坚韧意志和众志成城的精神状态，为下一步工作打下了坚实的基础。

六、专业管理，风险应对，不断提高征管质效

推进大企业税收风险管理，全面深入了解和掌握了大同烟草、工行、大唐集团、中石化等 4 户税务总局定点联系企业集团存在的深层次税收问题和整体税收风险状况；对省局筛选出的 109 户风险纳税人进行了评估检查，确认有问题户 26 户，评估税款 255.87 万元；严格户籍管理，全年清查漏管户 1128 户；在 7 个集体市

2013 年 7 月 4 日，大同市国税局举办支持民营经济发展座谈会

场推行委派代征税款和代开普通发票业务，涉及商户1500户；加强各税种管理。优化一般纳税人认定管理服务，强化固定资产进项税金抵扣管理和代开增值税专用发票管理，规范了企业所得税税前扣除项目管理和汇总分支机构管理，加强国际税收管理，实现非居民税收收入4538万元；加强进出口税收管理。对19户出口货物退（免）税生产企业开展专项检查，查补入库税款149.45万元。

七、学以增智，俭以养德，有效提升干部素质

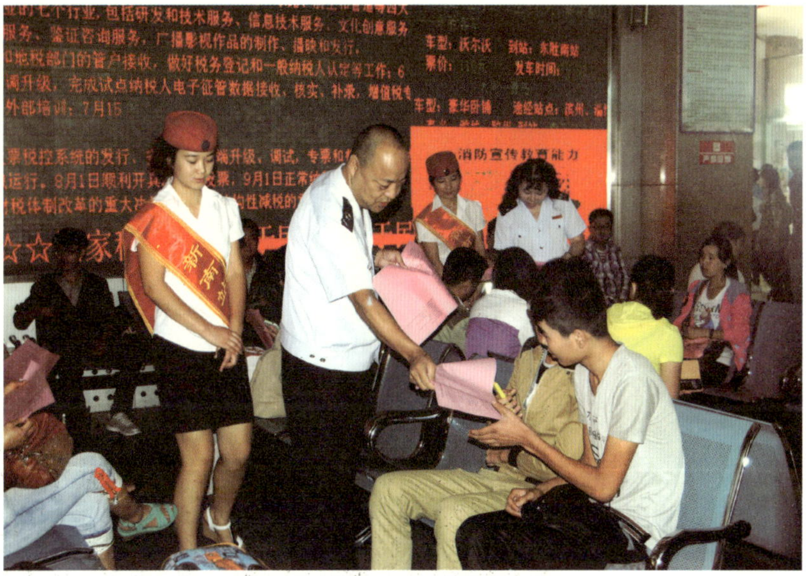

2013年5月15日，大同市国税局在大同市新南客运站宣传“营改增”税收政策

加强领导干部思想政治教育，提升基层领导班子和领导干部的大局意识和责任意识；加大干部教育培训力度，围绕《小企业会计准则》“营改增”“金税三期”和综合办公系统上线，市局全年举办各类培训班38期次，培训干部2850人次，提升了干部业务技能；加强国税文化建设，制定了《国税文化建设三年规划》，建立起“融心·尚同”的核心价值观和国税核心价值体系，并在全系统学习推广；组织开展读书征文、书画摄影、故事征集、演讲健身等活动，丰富干部职工文化生活；深入贯彻中央“八项规定”及系列配套制度，规范公务用车，清理办公用房，坚持“三个禁止”，强化廉政教育，完善内控机制，狠抓案件查处，促进了干部廉洁自律。

2013年，全市国税系统有11家单位获得省级以上荣誉奖项18个，10家单位通过了省级文明单位标兵、省级文明单位、青年文明号等荣誉称号的验收。

阳泉市国税局局长刘守功（中）参加“局长在线访谈”网络直播，并与纳税人互动交流

克难奋进谱写新篇　凝心聚力促进发展

——阳泉市国家税务局

2013年，阳泉市国税系统坚持“基础一流、重点争先、整体创优”的工作要求，强化实干、责任、创新、风险四种意识，突出税收征管、纳税服务、干部队伍教育和反腐倡廉四个重点，凝心聚力、克难奋进，不断推动全市国税事业科学发展，各项税收工作取得了新成绩、实现了新突破。

一、克难攻坚，全力组织税收收入

2013年，面对严峻的经济税源形势，全市国税系统上下一心，坚持组织收入原则，加强税源控管，强化征管措施，全力以赴打响税收收入攻坚战，坚决向管理、稽查、清欠要收入。全年累计完成国税收入50.4亿元，与地方财力挂钩收入完成48.2亿元，为地方经济社会发展作出了积极贡献。

二、精心实施，稳步推进税制改革

坚持早安排、早动手、适度超前、争先创新的思路，

有效组织、精心实施，全市八个试点行业、700余户纳税人按期实现平稳划转、国地税顺利对接。多次召开纳税人恳谈会和问题解答会，各级领导深入试点纳税人了解情况，现场为纳税人答疑解惑，积极主动服务“营改增”纳税人。在全省率先推行“营改增”风险防控工作，制定《“营改增”风险防控实施意见》《“营改增”风险防范指引》，并以“营改增”一般纳税人为重点，开展了全方位涉税风险提示专项服务以及专题服务性评估工作，防范了风险、规范了管理。

三、齐心协力，确保金税三期成功上线

全市国税系统发扬敢打硬仗、能打硬仗的优良作风，团结一致、奋力攻关，高质量完成了“金税三期”工程2.3万余条数据迁徙、140多项数据录入、922户纳税人补录等工作，确保了按时上线、平稳运行。对省局交办“零历史数据”模式双轨运行试点任务，全市国税系统发扬不怕苦、不怕难、不怕累的精神，充分发动、合力攻坚，圆满完成195项主流业务测试、11项补偿业务测试、3104条期初数据和会统报表测试比对工作，交出了出色的答卷，为全省系统金税三期顺利上线，积累了经验，作出了积极贡献。

四、规范执法，深入推进依法治税

严格落实税收执法责任制，全面推行了“税收执法预警防控系统”，组织执法督察和“一揽子”税收检查，规范执法有了新的进步。深入开展税收专项检查和区域税收整治，全年共检查各类纳税户206户，查补收入7771万元。立足服务大局，不折不扣落实结构性减税政策和各项税收优惠政策，全年共减免各类税收1.2亿元，办理出口退税3952万元。

五、减负提效，大力优化纳税服务

探索推行纳税服务扁平化运作、集约化管理模式，完善纳税服务质效考核指标体系，组建税收政策专业服务团队，大力推行“一窗通办”“一机双屏”等服务手段，不断深化依申请事项前移办税服务厅工作，试点推行“预、简、免填单”服务，减轻了纳税人负担，提高了服务效率。加强服务平台建设，召开“纳税人之家”展示推进会，依托纳税人之家举办政策辅导100余次，培训纳税人11000余人次。在全市范围内组织开展了纳税人需求和满意度调查活动，发放3000多份调查问卷，征集到纳税人需求158条，纳税人满意率达到98%以上。

六、突出重点，不断提升征管质效

全面开展管户清查，落实征管数据网上巡查制度，强化涉税信息采集应用，征管基础进一步夯实；大力开展风险分析、识别和任务推送，通过风险应对查补税款1.5亿元；推行“一厂一策”管理办法，确定了10户市级定点联系企业，出台了《大企业涉税事项协调会议制度》，在中石化、烟草、工商银行等企业开展税收风险管理，积极探索实施税务审计，

2013年9月13日，阳泉市国税局举办道德讲堂活动

有效提升了大企业管理和服务水平；加强纳税评估，新建火力发电、烟草等7个行业的评估模型，对重点行业、重点企业开展团队集中评估，全年评估300余户次，入库税款5225万元；积极开展管理创新，确定实施了44项重点工作和突破项目，有力提升了科学管理水平。

七、多措并举，有效激发队伍活力

完善基层领导班子及科级领导干部考评办法，制定推行科级领导干部教育培训学分制管理办法，对3个基层班子开展了巡视，提升了班子建设水平；组织开展科级领导干部竞争上岗，公开选拔16名科级领导干部，优化了队伍结构；通过组织春季全员培训、举办综合素质提升班等形式，大力开展培训教育，全年共组织各类培训30余期600余人次，干部队伍整体素质不断提高。2013年省局组织的业务标兵竞赛活动中，取得了团体第三名的好成绩，其中2名同志进入前50名；深入推进党的建设各项工作，组织党员干部认真学习贯彻党的十八大和十八届二中、三中全会精神，增强了党性观念；大力推进文明和谐创建和国税文化建设，组建“志愿服务队”、开设“道德讲堂”，弘扬社会主义核心价值观，增强了凝聚力。

2013年5月30日，阳泉市国税局组织志愿服务队开展捐资助学活动

八、惩防并举，扎实推进反腐倡廉

严格执行各项廉政制度，有效开展执法督察和效能监察，健全内控机制，强化“两权”监督，不断规范权力运行；组织了第六届“廉政文化月”活动，全市国税系统被市纪检委命名为“廉政文化进机关”活动示范点，是全市唯一一家全系统被命名的单位；认真贯彻落实中央“八项规定”和税务总局“三个三”要求，制定了改进作风的综合性意见，围绕反对“四风”，开展纪律作风集中教育整顿活动，严肃了工作纪律，促进了作风转变。市局连续10年被市政府评为民主评议政风行风先进集体。

长治市国税局局长李军（右三）参加政风行风宣传咨询活动

强化基础创新管理　改进作风助推发展

——长治市国家税务局

2013年，长治市国税系统认真落实全省国税工作会议精神，围绕“强化基础、创新管理、提升能力、激发活力”16字工作要求，不断攻克各种困难和挑战，全面完成了各项税收工作任务，为经济社会发展作出了新的贡献。

一、始终坚持组织收入原则，认真落实结构性减税政策

面对经济回落和税收增长乏力的严峻复杂形势，全市系统认真落实“两个始终”组织收入工作要求，进一步强化“十条”挖潜增收措施，全市累计完成国税收入121.5亿元，最大限度缩小了收入任务差距。坚决落实“营改增”、增值税起征点调整、小微企业所得税减半征收等结构性减税政策，以及下岗职工、残疾人就业税收优惠政策，全年共依法办理各种减免抵退税9.19亿元，为4000余户小微企业减轻税收负担1100余万元，有效促进了经济结构调整和民生改善。同时，始终坚持组织收入原则不动摇，坚持依法征收，应收尽收，注重打实收入基础，提高收入质量，并讲求方法，主动沟通，积极协调，赢得地方党委政府的最大理解和支持。

二、始终坚持科学统筹，落实两项重点工作

按照省局统一部署，把“营改增”试点工作和金税三期上线作为全年两项重点工作牢牢抓在手上。在时间紧、任务重、压力大的情况下，科学统筹，制定工作预案，打破横向区域和纵向上下级的人员限制，成立应急团队，开展联合作战。基层单位领导24小时保持通信畅通，随时现场处理突发情况。全体税务干部协同配合，加班加点，完成了大量的数据迁移和紧张的内外部培训演练，并深入细致地对纳税人开展宣传辅导，帮助解决办税具体问题，确保了“营改增”平稳过渡、金税三期如期上线。全市系统“营改增”扩大试点共接收纳税人629户，新办登记424户，培训纳税人630人次，征收税款4589万元；“金税三期”上线期间，先后开展5期数据清理和4次代码比对工作，修改补充48178条数据和代码，收集解决系统操作问题172个。

三、始终坚持依法行政，有效提升税收管理水平

大力加强税收法治建设，出台税收执法案件评查管理办法，制定税务行政审批执法范本，开展为期5个月的执法督察，提高了执法正确率。全市税收执法管理信息系统共监控税收执法业务173145条，执法正确率100%。持久性开展依法行政示范单位创建活动，全市系统有10个单位步入依法行政示范单位行列。全省首家将业务资料纳入综合档案，促进了基础资料规范化管理。强化税种管理，组织增值税扣税凭证数据核查，加大企业所得税监管力度，全市非居民企业股权转让清理核查工作得到了省局认可。积极开展财务风险识别、分析与防控。对固定资产管理、公务用车和后勤接待等工作，重细节、重程序、重规范，服务保障作用得到有效发挥。

四、始终坚持改革创新，不断提升征管质效

以风险管理为导向，加快征管改革步伐，制定了深化征管改革实施意见，出台了推行税源专业化实施方案。调整层级管理机构职能，已有6个基层单位机构职能转换到位。组建专业化评估机构和团队，对煤炭行业和重点企业开展风险应对，评估税款3.14亿元。积极探索大企业管理实体化运作。取消城区局、郊区局车购税征管职能，统一纳入车购税分局管理。发挥信息管税作用，市局稽查局采集应用第三方信息查处大要案件，查补税款近4500万元。全市系统初步形成了基础管理、风险分析、纳税评估、税务稽查的税源专业化管理框架。以提高纳税人满意度和税法遵从度为目标，不断优化纳税服务。以12366为主渠道，借助微信、微电影等新

2013年6月19日，长治市国税局举办《依法行政》精品讲座

2013年4月1日，长治市国税局举办“走企业宣讲税收政策 访税情提升服务水平”大走访活动

媒介提供咨询服务，解答咨询7200余次，发送短信12.6万多条。通过简政放权，简化涉税审批，试行“先批后审”模式，简并报送资料，减少报送次数，减轻了纳税人负担。积极推广网上办税、自助办税、财税库银横向联网缴税，试行国地税联合办证，方便了纳税人办税。开展纳税人需求调查，响应并满足需求116条，及时办理纳税服务投诉事项，受理纳税人维权事项7起并全部办结，维护了纳税人合法权益。

五、始终坚持以人为本，着力加强队伍建设

以党组中心组理论学习为抓手，组织深入学习党的十八届三中全会精神，以及习近平总书记一系列重要讲话精神，市县两级共举办学习216期。采取“走下去”深入基层调研，“请上来”征求群众意见，以及召开市县两级高质量民主生活会，全面落实税务总局“三个三”总要求。认真开展巡视监督工作，选优配强领导班子，增强了班子战斗力。注重干部教育培训，开展精品讲座、高端培训、春季岗位培训，培训500余人次。深入贯彻党风廉政建设责任制，严格落实“一岗双责”，深化内控机制建设，认真执行领导班子和领导干部监督管理办法及实施细则，开展领导干部离任审计、任期经济责任审计。认真贯彻中央“八项规定”和反对“四风”要求，制定出台18项落实措施，全市系统厉行勤俭节约，比上年同期减少“三公”经费126.21万元。加强政风行风建设，市局机关名列全市政风行风评议第二名，各基层单位在当地政风行风评议中均取得了优异成绩。

晋城市国税局局长王富明（前排右一）陪同晋城市领导深入基层调研指导工作

牢记使命促进发展　求实创新谱写新篇

——晋城市国家税务局

2013年，晋城市国税系统全面学习贯彻党的十八大和十八届三中全会精神，在省局和市委、市政府的正确领导下，坚持“制度＋文化”治局方略，以税源专业化管理、大企业管理体制、稽查管理体制、车购税征收体制等“四项改革”为动力，以“五大工程”为引领，同心同德，砥砺奋进，不畏艰险，攻坚克难，圆满完成全年各项工作任务。

一、依法征税应收尽收，国家税收足额入库

面对相对疲软的市场环境和组织收入的严峻形势，严格执行组织收入纪律，进一步优化纳税服务，进一步加强税源监控力度，深化重点税源监控数据的分析应用，加强组织收入重点环节的风险管理，提高收入预测准确性，严格做到依法征税，应收尽收。全年共组织税收收入104.8亿元，圆满完成了省局和市委、市政府确定的收入目标，为全市经济社会发展提供强大的财力保障。

二、“两制”助力依法行政，法治环境持续改善

坚持与时俱进，提高依法行政能力，切实解决好税收行政管理的“缺位”和“越位”问题。落实税收行政执法责任制，修订专项督察操作指南，对基层执法项目进行考核，开展税收执法督察，执法过错大幅减少。落实税务行政管理责任制，严格执行重大事项集体决定制度，加强行政决策落实情况的督促检查。阳城县国税局被授予“全省国税系统依法行政示范单位”，陵川县国税局被省局推荐为“山西省依法行政示范单位”。大力整顿税收秩序，开展税收专项检查和专项整治，查补各项收入7127万元。不折不扣落实税收优惠政策，其中，落实残疾人和资源综合利用优惠政策，即征即退增值税款2135万元，为2000户小微企业免征税款80万元。通过推行阳光政务，公开公正执法，强化应急管理，税收执法的公信力和执行力得到有效提升，执法质量不断提高，执法形象持续优化。

三、畅通渠道丰富形式，纳税服务创新求实

开展“税企互通”服务文化建设系列活动，并将税企QQ群、12366纳税服务热线作为标准化纳税咨询平台。在“营改增”和金税三期上线过程中，对纳税人开展“点对点、一对一、面对面”政策解读、咨询辅导，促进了征纳和谐。积极探索集中办税、“一窗通办”，丰富多元化办税方式，全市7000余户纳税人实行网上申报，通过财税库银系统划转税款98.56亿元。推广应用自助办税终端，4028户纳税人自助办税4万余次。大力减少行政审批、减化办税程序、减少资料报送，主动公开核准、备案等事项及细化标准，大力推行事后监管，实现阳光审批，提高行政效能。依托金税三期系统、网络办税服务体系等信息化手段，创新服务方式，实行集约化办税，实现税收宣传、纳税咨询、办税服务、权益保护、行政救济一体化，提高办税效率，更好地方便纳税人办税。同时主动接受新闻媒体、网络舆情、社会各界对具体税务行政行为的监督。

四、夯实基础突出重点，税收管理提速升级

探索以风险管理为导向的税源专业化管理，加强征管数据的采集、分析、利用，定期编发《税收风险报告》，开展风险应对，评估入库税款6668万元。进一步强化商贸企业管理，定期编发《商贸企业风险报告》，有效遏制了虚开增值税专用发票行为的发生。开展对烟草、工行、电力行业大企业的评估审计工作，自查补缴税款100多万元。加强出口退税审核，为企业出口退（免）税4亿元。加强非居民企业所得税管理，对某非居民企业低价转让境内居民企业股权关联交易征得所得税额逾2亿元。通过5万多条代码参数的初始化定版，8次全员演练测试，5轮960万条历史数据清理

2013年4月1日，晋城市国税局在晋煤集团电视演播厅举办税企“文化互通”知识竞赛

迁移，金税三期工程成功上线并平稳运行。“营改增”工作顺利推行，全市国税部门接收“营改增”纳税人1100户，缴纳增值税4541万元。

五、肃纪正风创先争优，干部队伍人才辈出

着力落实党风廉政建设责任制，全面推进内控机制建设。开展“学党章、守纪律、转作风”专题教育月活动，结合“向人民承诺，请人民监督”活动，深化反腐倡廉教育。不折不扣贯彻中央“八项规定”，正风肃纪，开短会，讲短话，改文风。认真落实《税务系统领导班子和领导干部监督管理办法》及其实施细则，开展对6个县（市、区）局领导干部的巡视，有力地促进了班子建设。规范科级干部选拔任用，任免科级干部17名。连续5年开展“全市国税系统税收业务能手竞赛”活动，评选表彰50名税收业务能手。在全省国税系统税收管理员业务标兵竞赛中，全局21名同志被省局命名为税收管理员业务标兵，并取得均分排名全省第一、进入标兵比例排名全省第一的好成绩。

六、文化凝心明德聚力，文明行为蔚然成风

开展“税企互通”服务文化建设，组织服务文化建设论坛，开展群众性文体交流活动，形成文化促进税企和谐共同发展、打造和谐征纳环境的共识。深入走访纳税人，召开不同层次座谈会，提高税企文化交流互动性，拉近国税部门与纳税人之间的距离。在全市率先建成道德讲堂，先后举办了以爱岗敬业、诚信服务、孝老爱亲等为主题的10期道德教育活动。以“我身边的好税官”先进事迹，大力宣扬先进人物的良好业绩和优秀品德，引领广大国税干部职工提升道德素养，推动文明创建的规范化和常态化。积极参加“关爱他人、关爱社会、关爱自然”志愿服务活动，履行社会责任。关注民生民情，扎实做好文明结对共建、帮扶济困、送温暖等社会公益活动，引领文明新风尚，促进了国税文化核心价值体系建设。

2013年8月20日，晋城市国税局志愿者参加社会志愿活动

朔州市国税局局长房建殊（前排右一）深入基层调研指导纳税服务工作

砥砺奋进服务大局　务实创新强化管理

——朔州市国家税务局

2013年，朔州市国税系统围绕中心、服务大局，进一步引深文化引领、科技支撑、规范执法和管理创新，在严峻的挑战面前取得了新成绩，实现了新发展。

一、狠抓组织收入，主动服务大局，职能作用有效发挥

针对严峻的经济税收形势，思想上高度重视，措施上积极准备，全力以赴打好组织收入攻坚战。先后召开经济税源分析会、组织收入汇报会，向市委、市政府和市人大作专题汇报，及时下发《关于做好组织收入工作的紧急通知》等，牢牢把握工作主动权。不断提高组织收入质量，连续三年实现“季末无新欠”。全年累计完成国税收入113.7亿元，其中与地方财力挂钩收入完成111亿元。出台《关于做好“三个服务”推进职能转变改进工作作风的实施意见》，全力服务转型跨越发展。全年共有1467户次小微企业享受所得税优惠，减免企业所得税131.06万元，办理免抵退税754万元，有效发挥了税收的职能作用。

二、防范执法风险，整顿税收秩序，依法治税扎实推进

制定《税收日常执法行为规范化考核办法（试行）》，采取两层三步考核制，即：通过县区局和市局两个层级，按照个人自查、部门复核、考核办终审三个步骤，认真强化考核，大力规范执法行为。依托税收执法管理信息系统，强化人机结合，开展疑似执法过错专项核查，有效预防执法过错行为，实现了税收执法零过错，执法正确率在全省国税系统名列前茅。加大依法行政考核力度，创新税收执法自我考核监督，开展年度税收执法督察，有力推动了基层规范执法。市局被省局确定为全省依法治理标兵单位，1 个县局被命名为“全省国税系统依法行政示范单位”，4 个单位被评为全市依法治理示范典型。不断加大对税收违法行为的查处力度，有效整顿和规范税收秩序，全年共检查各类纳税人 204 户，入库查补税款 1.67 亿元，同比增长 31%。

三、夯实征管基础，提高管理质效，征管改革稳步实施

以煤炭、电力、乳业、陶瓷四大支柱产业为重点，全面推进税源专业化管理。制定《关于开展税收风险应对工作的指导意见》，切实提高风险应对能力。建立的火力发电和煤炭露天开采两个评估模型成功入选全国“百佳”行业纳税评估模型，模型的整体得分位居全国前列，受到国家税务总局和省局的通报表扬。全年共对 219 户纳税人实施了纳税评估，评估收入达 3.08 亿元；管户数量达 12440 户，比上年增长 11.47%；综合申报率始终保持在 99.59％以上，非正常户占总管户比例在 3% 以下；财税库银税款划转率达 93.15％。依托自主研发的广域网络监控系统和机房环境集中监控平台，实时监控网络运行情况，为信息化建设搭建良好环境。深化税种管理，重点抓好“营改增”试点，共办理“营改增”试点纳税人登记 819 户，缴纳增值税 4121 万元。以积极的态度、严密的措施，确保金税三期在全市顺利上线并平稳运行。对市区外的其余五县（区）实行车购税属地征管，不仅方便了纳税人，也有效地缓解了车购税分局的办税压力。与市地税局共同出台《联合开展企业所得税后续管理工作的实施意见》，有效降低了管理风险。入库非居民企业所得税 16.21 万元，是全市施行新《企业所得税法》后入库的首笔非居民企业所得税。

2013 年 3 月 29 日，朔州市国税局开展第 22 个税收宣传月暨“纳税人之家”启动仪式

四、抓好平台建设，落实服务措施，纳税服务持续优化

在全市国税系统推行“一机双屏”服务，制定《创建“纳税人之家”征纳沟通服务品牌实施办法》，组织“志愿者纳税服务队”，开展分类别、多样化的税法宣传，不断满足纳税人的个性化需求，初步建立起税收宣传新机制。在 2012 年与市地税局联合成立“全市纳税人权益保护中心”基础上，

又出台了《纳税人权益保护中心工作规范》《纳税人权益保护事项会签制度》和《纳税人涉税诉求事后回访制度》等 5 项制度，进一步规范了维权中心的建设和管理。全面清理现有涉税文书和资料、简化办税程序，推行“免填单”“无纸化”办税，纳税人满意度和税法遵从度不断提高。纳税服务创新项目在全省国税系统纳税服务工作会上作了经验交流。

五、引深文化建设，强化干部管理，队伍建设不断加强

以国税文化建设为抓手，以此带动班子建设、干部教育培训和党风廉政建设深入开展。对近年来精神文化、物态文化建设进行全面总结，进一步丰富国税文化内涵，提升建设品位。扎实做好“右玉精神”与朔州国税事业发展相结合的文章，建立国税文化道德讲堂，举办十八大精神专题轮训班，推进学习型党组织建设。在完善“科级领导干部综合考评系统”基础上，在全系统推广应用“全员绩效考核系统”，为构建科学的干部考核评价体系奠定了坚实基础。认真落实市局《教育培训管理办法》，加强干部在岗学习。在全省国税系统《小企业会计准则》抽考中，参考人员平均成绩全省排名第五。深入开展精神文明创建，市局和 1 个县局继续保持“全国文明单位”和“省级文明和谐单位标兵”称号，2 个县局被确定为“省级文明和谐单位标兵”，其他县区局顺利通过省级文明单位验收。在办公电脑安装廉政屏保系统，制作岗位廉政风险预警卡，实现廉政监督“窗口前移”。及时下发《关于改进工作作风密切联系群众的实施意见》，开展作风纪律大整顿，工作作风明显好转。市局机关连续两年被评为“全市政风行风评议免评单位”，各县（区）局全部在当地行风评议中继续保持第一。

2013 年 12 月 4 日，朔州市国税局在朔州市飞马广场参加 12·4 普法宣传日活动

忻州市国税局局长朱东宏（右二）深入企业调研

凝心聚力攻坚克难　国税事业再上台阶

——忻州市国家税务局

2013年，忻州市国税系统认真贯彻落实党的十八大精神，坚持以组织收入为中心，以夯实基础为主线，以强化执法监督和提高征管质效为重点，在建立健全风险管理机制、纳税服务机制、干部激励考核机制方面大胆探索，有力推动了国税事业科学发展，为全市转型跨越发展作出了积极贡献。

一、积极应对挑战，努力抓好组织收入工作

加强税收分析，开展了重点税源税负预警等多项分析，为组织收入工作提供了决策依据；加强收入督查，建立了领导包点和科室包县工作制度，市局领导多次带队深入基层对经济税源状况进行摸底调研；开展收入质量评价，强化收入质量评价监控分析。经过努力，全年完成税收收入61.95亿元，与地方挂钩收入完成58.58亿元。

二、规范税收执法，切实推进依法行政

对构建和完善税收执法监督体系、结构性减税政策落实情况等 5 项工作开展了调研，为贯彻落实好相关税收政策奠定了基础；深入开展执法督察，对 2012 年督察发现的问题进行了“回头看”，对 5 个单位开展了解剖式执法督察，对发现的问题进行了落实整改；认真落实结构性减税政策和各项税收优惠政策，全年共为各类企业办理免抵退税 10.39 亿元。大力整顿和规范税收秩序。2013 年，全市稽查部门共检查各类纳税人 188 户，查补收入 6646 万元。

三、强化税收征管，着力提升税收管理水平

大力夯实征管基础，全市综合申报率等 10 项主要征管基础指标均达到省局标准；积极推进风险管理，5 月组建了市级税收风险分析监控中心，对 3654 户指标异常企业开展风险分析核查和评估；加强纳税评估，开展了以铁矿采选、煤炭运销、医药行业为重点的纳税评估，全年共进行纳税评估 1468 户次，评估入库税款 1.25 亿元；加强大企业管理，制定出台了忻州市大企业涉税事项协调会议制度；圆满完成“营改增”试点和金税三期工程上线工作。“营改增”试点工作中，接收试点纳税人 985 户，培训纳税人 890 多人次，并加强了试点行业的后续管理；金税三期系统上线期间，采集和维护初始化记录近 1.5 万条，修正补充数据 5.5 万余条，组织 775 人次进行了 5 期业务操作培训演练，成立运维办，及时处理了上线运行后出现的各类问题；认真做好所得税汇算清缴工作，入库税款 1.86 亿元；加强货物和劳务税管理，组织开展了增值税扣税凭证疑点信息核查、车辆购置税管理情况等专项检查。与市交通运输局配合，规范和加强了全市出租车和公共交通运输行业的税收管理。

四、拓展服务效能，持续优化纳税服务

积极开展税收宣传，结合第 22 个税收宣传月，加大对“营改增”政策解读、办税指引等方面的宣传力度，与市地税局联合举办了“税务局长在线访谈活动”；不断优化办税服务，统筹推进涉税审批前移办税服务厅、自助办税等工作；着力强化权益保护，2013 年共受理纳税人咨询、投诉事项 170 件，全部予以落实反馈。2013 年，全市国税系统有 16 个单位相继成立了“纳税人之家”，拓展了多元化维权监督渠道。

五、采取积极措施，不断加强队伍建设

加强基层领导班子建设，对 5 个县局的领导班子进行调整充实，对 8 个单位进行巡视回访，对 10 个单位进行巡视，对 2 个单位开展领导任中经济责任审计；完善选人用人机制，开展全市国税系统副科级领导干部竞争上岗工作，选拔了 8 名副科级领导干部。开展市局机关工作人员遴选工作，从基层遴选了 5 名工作人员。开展干部交流工作，通过安排市局副科级干部到县（市、区）局任职和基层副科级干部到市局机关挂职，实现了市、县人员之间的互动交流；探索建立干部激励考核机制，修订完善了县（市、区）局领导班子和领导干部综合考核评价办法，并选取五台县国税局进行全员绩

2013 年 9 月 9 日，忻州市国税系统进行金税三期工程第二轮真人实景演练

效考核试点；加强教育培训，全年共组织207人次参加税务总局、省局举办的各类培训38期；加强税务文化建设，召开了全市国税系统国税文化建设现场观摩推进会，继续举办国税大讲堂，举行了国防教育实践活动、自制楼道宣传版面活动，制作了国税文化宣传片。

六、推进党风廉政建设，有效提升国税形象

全面落实党风廉政建设责任制，对18个基层单位进行实地考核；加强廉政教育和廉政文化建设，开通了廉政教育网，5个单位被市纪委、监察局命名为廉政文化示范点；举行政风行风民主评议对话会，政风行风进一步好转；狠抓“八项规定”贯彻落实，制订出台了《忻州市国家税务局党组关于进一步改进工作作风、密切联系群众的实施意见》；对全年系统内的各类会议、调研、评估、检查、培训等工作进行了统筹安排和归口管理；开展了“税情百问”活动，共计走访160家企业。

七、建立健全制度机制，大力规范内部管理

2013年4月第22个税收宣传月期间，忻州市国税局开展局长在线访谈活动

加强政务管理，修订工作综合考核办法和工作规则，顺利完成了税务综合办公信息系统的上线工作；加强财务管理，对全市的基建项目进行全面清查，对13个单位开展了内部财务审计，继续推进公务卡的使用；严格事务管理，制定了公务接待管理办法和厉行勤俭节约具体实施办法等制度，认真开展了安全大检查工作，机关管理和服务水平进一步提高。

2013年，忻州市局和11个县局均顺利通过省文明委的考核验收，3个单位分别获得“全国巾帼文明岗”“全国模范职工小家”“山西省三八红旗集体”等荣誉称号，1名同志被评为全国税务系统先进工作者。

晋中市国税局局长李树茂（前排右一）与晋中市政府及市地税局领导共同参加第22个税收宣传月活动启动仪式

夯实基础完善体系　强化素质提升层次

——晋中市国家税务局

2013年，晋中市国税系统以“十个新”为目标，扎实开展以风险防控为重点的“基础管理年”活动，稳步推进“金税三期”系统上线、“营改增”试点和“纳税人之家”创建等重点工作，税收收入、依法行政、征收管理、纳税服务和队伍建设等各方面工作都取得了新成绩。

一、全力以赴挖潜堵漏，积极完成收入任务

科学分解收入计划，严格执行组织收入纪律，切实加强税收调研和分析预测，及时掌握经济税源变化状况、发展趋势，积极调整完善收入措施。2013年，全市国税系统共完成税收收入89.48亿元。创新税收分析手段，深入分析影响收入增减因素，查找组织收入中存在问题，大力实施风险管理。积极挖潜堵漏，全年自查入库税款1.28亿元，稽查查补收入1785万元。深入开展专业化纳税评估，全年评估入库税款2.41亿元。进一步完善欠税管理责任制体系，全年共清理陈欠及呆账56万元。积极落实税收优惠政策，全年高新技术企业减免110万元，促进残疾人就业减免7282万元，资源综合利用和小微企业减免4878万元，涉外企业减免330万元，受理办理免抵退税8550万元，有力地促进了全市经济社会转型跨越发展。

二、突出重点防控风险，扎实抓好基础管理

按照“查风险、堵漏洞、强基础、促规范”总体思路，深入开展了以风险防控为重点的“基础管理年”活动，认真查找业务、政务、事务、财务管理等4个方面，9个重点管理节点，53项管理内容中存在的问题和薄弱环节，努力健全完善管理制度体系。积极将“基础管理年”与创先争优、抵制“四风”等活动紧密结合，着力解决部分干部思想中存在的“惯性、惰性、任性”等问题，在弘扬新风正气的同时，进一步增强风险意识，规范执法行为，夯实管理基础，全面防范管理风险，全市国税系统基础管理逐步走向制度化，规范化。

三、健全机制规范执法，不断强化法治意识

积极完善依法行政考核体系，按照量化、率化、标准化的要求，明确53项考核内容，配套了考核办法和措施，使依法行政考核机制更加科学、健全。充分运用信息化考核手段和数据统计法实施考核，及时反馈问题，深入查找错误原因，总结问题和不足，有针对性地提出工作建议和整改措施，跟踪督察整改。充分依托内外网站、12366平台、纳税人之家、微博税网等载体，内外结合开展依法行政宣传，不断强化税收法治意识。积极完善依法行政责任制，扎实抓好规范性文件清理、重大案件审理等工作。严格落实税收执法责任制，强化税收执法督查，切实提升依法治理、依法行政水平。2013年，晋中市榆次区国税局被省局表彰为全省依法行政示范单位。

四、深化改革强化管理，努力提升征管质效

以深化税收征管改革为中心，扎实抓好金税三期系统上线工作，成立专职领导和保障机构，明确时间节点，积极组织操作培训、比武竞赛和演练测试工作，认真比对信息数据，做到人员素质过硬、准备工作周全、应急预案完善，确保了系统如期上线和税收业务平稳、有序衔接。稳步实施“营改增”试点，对接收的1574户管户逐一进行确认，确保了发票开具、申报受理等关键节点顺畅运行，圆满完成试点工作。积极应对“金税三期”系统上线所带来的新情况、新问题，扎实抓好基础管理。稳步推进税源专业化管理，进一步

2013年8月15日，“营改增”试点领导小组业务骨干对纳入试点的文化创意企业进行调研

健全税收风险分析应对管理、税收征管质量管理，大企业税收管理三大工作机制，税收征管质效进一步提升。

五、整合平台创新手段，积极提升服务层次

积极抓好“纳税人之家”创建工作，依托桌面视频会议系统将全系统13个“纳税人之家”连成实时互动网络，使上下联动更加顺畅，内外沟通更加快捷，服务响应更加及时，得到了省局的充分肯定，在全省纳税服务工作会上作了专题交流。依托“纳税人之家”网络系统，定期组织纳税人进行业务辅导和政策答疑。积极整合12366服务平台、网上纳税服务平台以及微博税网、企信通等服务资源，通过各平台间联动互动，实现了服务主体与服务客体的全面拓展，初步形成“大服务”格局。积极抓好税收宣传服务，市局机关组织的“税收促进中小企业发展网民论谈”和平遥县国税局“3D电子税收博物馆”被省局评为税收宣传创新项目。

2013年12月4日，聘请专家依托“纳税人之家”进行政策解读与答疑服务

六、提升能力坚定信念，不断激发队伍活力

加强领导班子建设，认真学习党的十八大和十八届三中全会精神，深入领会精神实质，不断提高市、县两级党组班子谋事业、带队伍的能力。积极抓好干部素质培养，全年共组织1541人次参加各种培训活动。认真组织业务培训与竞赛，在省局组织的税收管理员业务标兵竞赛考试中，平均分和入围标兵比例均列全省第5名，较2012年有了较大幅度提升。积极鼓励自我成才，全年共有50人报考“三师”资格考试，5人通过执业资格考试。深入开展“道德讲堂”活动，选拔表彰了35名管理能手、岗位标兵和服务明星，展示了崇德向上、爱岗敬业、无私奉献、争创一流的精神风采，进一步激发了干部职工干事创业热情。

七、落实规定转变作风，积极改善税风税纪

认真贯彻落实中央八项规定和反对“四风”要求，积极开展“全心全意解民忧，尽职尽责办实事”活动，大力倡导求真务实、勤俭廉洁的新风尚，切实改进工作作风，整肃税风税纪。积极创新会议培训手段，统筹安排各种会议活动，严格执行公务用车、办公用房管理规定，全年共压缩会议开支和“三公经费”80余万元。积极落实党风廉政建设责任制，扎实推进党风廉政建设和反腐败工作，全系统在各级组织的明查暗访中未发现违反中央八项规定的问题，没有出现与反对“四风”相违背的现象，全系统的社会认可度持续提升。

吕梁市国税局局长冯成平（左）向企业负责人赠送税法宣传资料

统筹兼顾共克时艰　真抓实干成绩斐然

——吕梁市国家税务局

2013年，吕梁市国税系统以党的十八大精神为指导，按照“夯基础、重质量、求创新”的总体思路，围绕“推进依法行政、优化纳税服务、强化税收征管、打造廉洁队伍”四大战略，确定九项重点工作，并实行“项目化”管理。全市国税系统牢固树立“一盘棋”思想，横向整合部门资源、纵向加强上下联动，形成了统筹兼顾、齐抓共管的合力，各项工作有序推进，取得明显成效。

一、服务发展收获新成果

2013年，面对严峻的经济税收形势和经济下行压力，全市国税系统坚持组织收入原则，密切关注经济税源变化趋势，加强税收分析预测，强化税收征管，积极挖潜增收，强化收入督导，严格实施收入质量评价，全年累计组织税收收入144.16亿元。开展税收优惠政策调研，完成调研文章30篇，提出43条建议和政策诉求。认真完成税务总局、省局安排的调研课题，以孝义市为抽样单位，对100户大、中、小、微企业（其中：大型企业2户、中型企业7户、小型企业18户、微型企业73户）的税费负担状况进行了调查，撰写出高质量的分析报告，得到税务总局、省局的肯定。积极落实税收优惠政策，全年共办理减免抵退税12.3亿元。加强沟通协调，全市各级国税机关在摸清税源、加强征管、服务税户的同时，积极沟通汇报，赢得了省局和各级党委政府的理解支持。

二、依法行政取得新进展

大力开展税法宣传活动。认真开展“依法行政宣传月”活动，努力营造学法、知法、守法、用法的氛围；积极开展依法行政示范单位创建活动，岚县国税局被表彰为“山西省依法行政示范单位”；精心打造“税收宣传月”品牌，市局与岚县国税局联合制作的中国古代赋税思想宣传品，荣获税务总局税收宣传创新项目奖。强化执法监督。开展重点执法督察，共发现9个方面37类问题，及时进行了整改，弥补以前年度亏损1361万元。强化税务稽查，全年共检查313户，查补入库税款2.7亿元。加强税收执法责任制考核管理，按月开展税收执法考核，按季分析税收执法状况，提出管理建议。

三、纳税服务得到新提升

创新纳税服务方式。扎实推进涉税审批前移办税服务厅，对39项涉税依申请业务实行审批前移，简化了办税流程、提高了办税效率。在全市办税服务厅实施免填单服务，试点推行了“一窗通办”的办税模式；在交城县、离石区国税局等5个单位设立自助办税终端；在4S店实施车购税自助办税业务。完善纳税服务平台建设。持续优化标准化办税服务厅建设、上线12366短信服务平台、完善“纳税人之家”建设，为纳税人提供多渠道的办税服务。

四、管理创新实现新突破

征管改革稳步推进，建立“上下联动、横向互动、内外协动”的税源管理运行机制。“营改增”试点顺利开展，建立健全会议纪要、督查考核及跟踪反馈制度，为“营改增”试点工作提供了制度保障，全市共接收试点纳税人642户。金税三期工程如期上线，集全系统之力，做了大量细致的工作，保证了系统按时上线，并取得圆满成功。税收风险分析和应对不断强化，建立风险应对的反馈、考核、评价制度，全年开展风险应对1926户次，评估税款2.47亿元。车购税管理更加规范，开展车购税业务自查，补缴税款158万元。企业所得税管理取得突破，对太原钢铁（集团）有限公司所属企业之间的关联交易价格实行预约定价管理，补缴税款752万元；开展汇算清缴后续管理专项核查，调增应纳税所

2013年10月25日，吕梁市国税局局长冯成平代表吕梁市国税局参加政风行风面对面听证对话会

得额2000余万元。税收优惠政策有效落实，为164户企业减免所得税额10.2亿元；为19户企业办理出口退税2462万元。

五、干部面貌呈现新气象

加强领导班子建设。出台了《科级干部选拔任用工作实施办法》和四个《实施方案》，从制度上为科级干部的选拔任用提供了保障。制定《吕梁市国税系统县市区局领导班子成员干部教育培训学分制管理办法》，开展对县市区局领导班子及班子成员和市局机关各科室负责人试行综合考核评价，激发了各级领导干部工作的积极性和主动性。加强对领导班子的巡视监督，对柳林县、中阳县国税局等5个单位领导班子开展了巡视检查，对岚县、临县国税局等6个单位进行了巡视回访，促进了各级领导班子的组织建设和作风建设。组织各级党组召开以“为民务实清廉”为主题的高质量民主生活会，增强了班子战斗力。加强干部队伍建设，制定出台《教育培训管理办法》《兼职教师管理办法》等相关制度，扎实抓好各级各类培训，全年举办、参加培训32期428人次，使各层级干部的综合素质得到了提高。组织了业务标兵集训和选拔工作，14名同志荣获省级标兵。强化党风廉政教育，深化内控机制建设，促进了干部廉洁自律。坚决贯彻中央八项规定和税务总局的“三个三”要求，从改进文风会风、清理办公用车、用房等具体问题切入，从“禁贪禁懒禁散”发力，正风肃纪，激发了干部锐意进取的精神。国税文化建设蓬勃开展。经过反复酝酿、集思广益，形成“脚踏实地、积极向上、忠诚敬业、勇于超越”的吕梁国税精神，提出了打造“崇法尚德”的文化品牌。按“六个一”的要求，开设了以加强“四德”建设和弘扬“五类”道德精神为主要内容的“道德讲堂”。开展精神文明创建活动，全市国税系统共有国家级文明单位1个、省级文明和谐单位10个、国家级青年文明号1个、省级青年文明号10个。

2013年12月4日，吕梁市国税局开展法制宣传活动

临汾市国税局局长陈赵戟（前排右一）参加临汾市国税局、新疆阜康市国税局对口交流合作启动仪式

深化三大体系建设　推动国税科学发展

——临汾市国家税务局

2013年，临汾市国税系统全面贯彻落实党的十八大精神，坚持依法组织收入，不断深化规范税收执法体系、和谐诚信税务体系、惩治和预防腐败体系“三大体系”建设，全面推进五大工程，各项工作齐头并进，成效显著。

一、依法组织收入，全力服务转型跨越发展

坚持组织收入原则，严格欠税管理，健全欠税企业台账，实行分档监控、分类管理，推行清欠问责，连续5年实现无新欠。在形势严峻、任务吃紧的情况下，全系统全面开展收入攻坚，先后2次召开分析点评会，遴选10名业务骨干，组建全市税收分析人才库。强化薄弱环节税收管理，加大税务稽查力度，开展重点税源企业专项检查，组织开展霍州区域税收专项整治，严厉打击各类发票违法犯罪活动，切实维护税收秩序。2013年，全市国税系统完成税收收入78.36亿元。

二、推进依法行政，营造规范执法税收环境

制定出台依法行政示范单位创建3个配套制度，健全依法行政制度体系，着力推动依法行政示范单位创建。开展依法行政宣传月活动，在全社会营造出浓厚法治氛围。邀请专家为全系统200余名科级以上领导干部举办依法行政与税收执法风险防范知识讲座，提高干部法治意识。组织全系统93名县级局领导班子成员和629名税收执法人员参加依法行政知识考试和税收执法业务考试，提高干部法治水平。随机抽取50户税务行政处罚案卷和50户纳税人执法案卷开展案卷评查，规范税务执法案卷。开展税收规范性文件清理工作，规范政策执行。对评选出8个规范执法单位、50名执法标兵和100名执法先进个人进行隆重表彰，激发干部活力。

三、打造服务品牌，提升服务质效

先后召开纳税服务制度落实座谈会和经验交流会，提出针对性改进意见，推动制度落实到位。在办税服务厅标准化建设全面达标的基础上，积极开展模范办税服务厅创建活动。提出网上办税具体目标，强力推进网上办税。制定下发《关于深化方略保税物流园区和百公里汾河新型经济带涉税服务的通知》，推出跟进服务措施，巩固品牌建设成果。开展“走基层、转作风、优服务”志愿者实践活动，全年累计99人次志愿服务283个工作日。归集印发《临汾国税公告》共12期36000册，及时将税务总局和省局的最新税收政策告知纳税人。在全市推广“免填单”服务和自助办税服务终端，优化办税服务，提高办税效率。

四、创新征管方式，提高税收征管质量

扎实开展管户清查，共清查出漏征漏管户2703户，全部下达了限期整改通知书，月增加定额税款106750元。对全市2010—2012年度车购税政策执行情况进行专项检查，补征税款51904元，规范车购税管理。对全市金银首饰零售行业、“家电下乡”销售企业开展税收风险应对工作，提高纳税人税法遵从度。全年共评估纳税人599户，评估入库税款1.97亿元。扎实做好“营改增”试点工作，截至2013年底，全市共登记“营改增”纳税人2254户，月均入库税款1500余万元。创新大企业税收管理，与中石化、烟草、供电等10户大企业签订税收遵从协议，提供个性化差异化服务。

五、强化统筹协调，确保金税三期工程成功上线

加强组织领导，专门成立金税三期上线准备工作领导组，主要领导亲自负责，亲自督导，制定详细的实施方案和工作计划，明确时间表和任务书；强化业务培训，组织全市一线1300余名国税干部开展8期业务操作培训，保证各岗位人员业务培训全覆盖；抓好过程管理，共开展5次数据清理和4次代码比对工作，并组织全员全流程业务演练和压力测试；强化工作督导，定期召开联席会议，解决实际问题，推进工作开展；强调协作沟通，建立手机飞信、微信等维护人员联系平台，上下联动，积极配合，形成合力，确保金税三期工程成

2013年12月23日，临汾市国税局接受省文明委文明单位创建工作验收

功上线运行。

六、加强队伍建设，增强干部综合素质

及时下发2013年度党组中心组学习计划，以转变作风为主题，召开全市系统党组中心组学习（扩大）会议，深入研讨改进作风具体措施。深入学习党的十八大精神，组织全体党员开展为期1个月的集中学习，举办科级以上干部十八大精神专题培训班，深化干部思想认识。成功举办7期纳税服务礼仪培训班，实现了全市办税服务厅窗口人员全覆盖。全年共累计组织各级各类培训40期700余人次。鼓励学历教育，2013年全系统有10人考上研究生，1人取得注册税务师资格，5人取得法律职业资格。开通临汾国税网校，打造税务干部信息化学习平台。召开述职述廉会议和“落实重点工作、推动履职到位”副职履职汇报会，全市29名县级局局长、纪检组长和31名班子副职向市局党组进行了专题汇报，接受市局监督。把每周二下午确定为机关道德讲堂时间，组织全体干部参加学习《弟子规》等经典道德书籍，提高干部道德素质，倡导崇德向善正能量。向全市系统发出开展“无车日、无车周”活动倡议，积极践行低碳环保、绿色出行新理念。

2013年4月1日，临汾市国税局开展“走基层、转作风、优服务”志愿者实践活动暨全国第22个税收宣传月活动

七、开展廉政建设，促进干部廉洁从税

开展“观廉政展览、看警示影片、学廉政法规、查廉政风险、讲廉政党课、读廉政书籍”等主题教育活动，筑牢干部反腐倡廉思想防线。组织全系统1300多名干部参加廉政知识考试和纪检监察干部业务考试，检验干部学习效果。严明廉政纪律，在中秋、国庆两节期间，向全系统提出廉洁自律倡议书，倡导廉洁过节新风。成立机关红白理事会，有效遏止大操大办、铺张浪费等现象。先后3次组织有关部门参加行风热线节目，召开行风评议听证对话会，解答行风监督员和纳税人代表提出的问题和建议。市局荣获全市政风行风评议免评单位，全系统共有18个参评单位荣获当地政风行风评议前三名。

运城市国税局局长马红岩（右三）深入闻喜县扶贫点开展“三关爱”帮扶活动

强化责任狠抓落实　改进作风推动发展

——运城市国家税务局

2013年，运城市国税系统在省国税局和市委、市政府的正确领导下，按照年初确定的工作思路，围绕中心，服务大局，砥砺奋进，圆满完成了各项工作任务。

一、依法组织收入，收入质量实现新突破

全市国税系统坚持依法征税，强化征管措施，严格堵漏增收，大力清缴欠税，基本实现应收尽收，尤其是从年初开始就深入调研，强化分析，严格督查，抓紧抓实组织收入工作，牢牢把握了组织收入工作的主动权。2013年，全市国税收入累计完成52.34亿元，同比增长23.26%，增收9.88亿元。其中，与地方财力挂钩收入完成44.87亿元，同比增长22.99%，增收8.39亿元。

二、落实税收政策，服务大局展示新作为

加强税种管理，认真落实各项税收优惠政策，全年，全市国税系统累计办理各项减免抵退税10.9亿元。其中，减免税4.6亿元，出口退免税2.62亿元，固定资产进项税额抵扣3.68亿元，有力地支持了全市经济的健康发展。同时，围绕市委、市政府确定的重点工作，先后制定《关于发挥税收职能作用促进全市重点项目建设的行动方案》《关于支持晋陕豫黄河金三角承接产业转移示范区建设相关税收政策汇编》和《关于支持“5+15”工业园区加快发展的实施意见》，得到了市委、市政府的充分肯定。

三、坚持依法行政，税收法治取得新进展

全市国税系统大力开展依法行政综合绩效考核，归纳梳理形成10个方面41个具体考核指标。围绕依法行政考核体系，各单位进行了积极有益地探索，新绛县被评为全省国税系统依法行政示范单位。强化执法督察，纠正执法过错行为467户次，整改率96.68%，入库税款325.2万元。强化征管基础，开展农产品税收专项整顿、出口退税行业检查、专用发票滞留票核查、清理整顿二手车行业等检查评估，查补收入9476万元。强化税务稽查，开展对成品油批发、电子类、服装类出口退税企业、证券基金公司、建材、交通运输等行业税收专项检查，开展打击发票违法犯罪活动，查处违法受票企业126户，处理涉税举报案件8起，稽查入库税收7738万元。

四、强化管理服务，管理质量迈上新台阶

强化风险管理，根据省局推送的风险任务对38户企业开展针对性风险应对。开展对烟草、工行和大唐电力集团等税务总局定点联系企业的风险管理，评估入库税款1816万元。抓好“营改增”试点工作，全市2211户“营改增”纳税人累计入库税款6242万元。金税三期工程平稳上线，顺利完成数据迁移、上线实施、双轨演练测试、单轨验证和运行等各阶段工作，初步建立起有效解决问题的运维机制。以对涉税信息的采集、分析、应用为重点，提高数据分析、应用质量，着力推进信息管税。稳步推进征管试点工作，芮城县国税局被确定为全省税收征管改革试点单位。优化纳税服务，积极开展创建“星级办税服务厅”“纳税人之家”活动，为纳税人提供全方位、个性化的纳税服务。推广应用12366纳税服务平台，受理纳税咨询1327次，向纳税人提供信息推送服务69273条。加强增值税一般纳税人认定及注销管理。深化企业所得税分析评估，加强总分支机构的管理工作。加强车购税管理，积极开展自助办税终端的推广应用。

五、提高队伍素质，文明创建呈现新气象

加强领导班子建设，调整补充13名基层领导班子成员，开展竞争上岗和轮岗，30名干部走上科级领导岗位，市局机关51名干部进行了轮岗，激发了干部活力。进一步完善

2013年11月12日，运城市国税局邀请企业召开支持运城市“5+15”园区加快发展座谈会

巡视考察制度，与省局开展联合巡视工作，强化巡视结果运用。开展文明创建，市局及9个基层单位荣获省级荣誉称号。按照省局要求认真进行“三清三察三审”整改自查。加强干部教育，在省局组织的全省《小企业会计准则》考试和税收管理员标兵竞赛中，均取得全省第二名的好成绩。落实党风廉政建设责任制，按照“一岗两责”要求，层层签订党风廉政建设目标责任书。认真贯彻落实八项规定，制定下发加强和改进工作作风等一系列通知。学习贯彻《税收违法违纪行为处分规定》，组织1126名税务干部进行知识考试，参加考试人员比例达84.85%。强化“两权监督”，开展专项执法监察，对6大类24种问题进行了整改。狠抓政风行风建设，市局机关在2013年全市政风行风评议中名列第一。

六、完善行政管理，机关效能建设开创新局面

开展税收宣传，联合全市百强企业发出依法诚信纳税倡议，被省局评为优秀宣传项目。加强政务信息工作，先后被市委、市政府办公厅评为信息工作先进单位。实施科研精品战略，3篇论文入选全省国税系统优秀论文集。加强党建工作，推进机关文化建设，形成了以税务职业道德、税务梦为主要内容的文化长廊和廉政教育基地，建设了藏书2000余册的机关图书室。强化财务审计，规范政府采购，提高资金使用效率。清理办公用房及基建项目，共清理检查25个基建项目，腾退面积9077平方米。严格控制压缩“三公”经费，控制会议数量和规模，完善公务接待制度，压缩公车运行费用。加强安全、食堂、车辆、机关环境管理，机关服务水平明显提升。

2013年11月15日，运城市国税局参加运城市第二届职工艺术合唱节

十五 大事记

2013 年山西省国家税务局大事记

1 月

3 日　国家税务总局党组 2012 年 11 月 26 日决定，王德平同志任山西省国家税务局党组副书记。

5 日　山西省政风行风测评考核组组长刘完保一行，在山西省国家税务局党组成员、纪检组长贾志坚的陪同下，深入太原市杏花岭区国家税务局进行检查指导。

6 日　山西省国家税务局党组书记、局长王学东参加太原市国家税务局召开的以“贯彻落实党的十八大精神，保持党的先进性和纯洁性”为主题的党组专题民主生活会。

8 日　山西省国家税务局决定，免去王一凡的山西省国家税务局太原培训中心副主任职务。

9 日　山西省国家税务局 2012 年 12 月 31 日决定，继续聘任：武世樊为山西省国家税务局注册税务师管理中心副主任（副处级）。聘期自 2012 年 9 月至 2013 年 7 月；王一凡为山西省国家税务局太原培训中心综合管理员（副处级）。聘期自 2013 年 1 月至 2015 年 1 月。

10 日　山西省人大预工委副主任王玉明一行 4 人深入山西省国家税务局开展调研，山西省国家税务局党组书记、局长王学东，党组成员、副局长张有乾作了专题汇报。

17 日　全省国税工作会议在太原召开。

21 日　山西省国家税务局 2013 年 1 月 4 日决定，任命段义锁为阳泉市国家税务局副调研员。

21 日　冀康任职试用期满，考核合格。山西省国家税务局决定，任命冀康为山西省国家税务局大企业税收管理处处长，任职时间自 2011 年 11 月 9 日起计算。

21 日　山西省国家税务局 2013 年 1 月 4 日决定，任命郭欣海为晋城市国家税务局副调研员。

21 日　山西省国家税务局决定，免去李平平的吕梁市国家税务局副调研员职务，办理退休手续。退休时间自 2013 年 2 月起计算。

23 日—24 日　国家税务总局党组成员、副局长宋兰深入山西省调研指导工作，并参加山西省国家税务局 2012 年度党组民主生活会，组织召开山西省国税局、地税局金税三期工程试点工作座谈会，深入基层国税机关进行调研慰问。国家税务总局征管和科技发展司司长李林军、人事司巡视员殷宝珍等陪同调研。期间，宋兰副局长深入山西国税 12366 纳税服务热线调研指导工作，并给予充分肯定。

28 日　山西省国家税务局党组成员、副局长范扎根一行深入晋中市国家税务局，对领导班子和处级干部 2012 年度履职情况、惩防体系和廉政建设情况、依法行政工作等进行考核检查，并看望慰问市局离退休老干部和基层国税干部职工。

28 日—29 日　山西省国家税务局党组副书记、副局长王德平一行深入吕梁市国家税务局，对领导班子和处级干部 2012 年度履职情况、惩防体系和廉政建设情况、依法行政工作等进行考核检查，并看望慰问市局离退休老干部和基层国税干部职工。

28 日　山西省国家税务局副巡视员张华隆一行深入晋城市国家税务局，对领导班子和处级干部 2012 年度履职情况、惩防体系和廉政建设情况、依法行政工作等进行考核检查，并看望慰问市局离退休老干部和基层国税干部职工。

29 日　山西省国家税务局党组成员、副局长张有乾一行深入临汾市国家税务局，对领导班子和处级干部 2012 年度履职情况、惩防体系和廉政建设情况、依法行政工作等进行考核检查，并看望慰问市局离退休老干部和基层国税干部职工。

29 日　山西省国家税务局党组成员、纪检组长贾志坚一行深入长治市国家税务局，对领导班子和处级干部 2012 年度履职情况、惩防体系和廉政建设情况、依法行政工作等进行考核检查，并看望慰问市局离退休老干部和基层国税干部职工。

29 日　山西省国家税务局党组成员、总审计师牛新文一行深入阳泉市国家税务局，对领导班子和处级干部2012年度履职情况、惩防体系和廉政建设情况、依法行政工作等进行考核检查，并看望慰问市局离退休老干部和基层国税干部职工。

29日　山西省国家税务局党组成员、总会计师王宏晋一行深入朔州市国家税务局，对领导班子和处级干部2012年度履职情况、惩防体系和廉政建设情况、依法行政工作等进行考核检查，并看望慰问市局离退休老干部和基层国税干部职工。

30日—31日　山西省国家税务局党组副书记、副局长王德平一行深入太原市国家税务局，对领导班子和处级干部2012年度履职情况、惩防体系和廉政建设情况、依法行政工作等进行考核检查，并看望慰问市局离退休老干部和基层国税干部职工。

30日　山西省国家税务局党组成员、副局长张有乾一行深入运城市国家税务局对领导班子和处级干部2012年度履职情况、惩防体系和廉政建设情况、依法行政工作等进行考核检查，并看望慰问市局离退休老干部和基层国税干部职工。

30日　山西省国家税务局副巡视员陈建中一行深入大同市国家税务局，对领导班子和处级干部2012年度履职情况、惩防体系和廉政建设情况、依法行政工作等进行考核检查，并看望慰问市局离退休老干部和基层国税干部职工。

31日—2月1日　山西省国家税务局党组书记、局长王学东先后深入到代县、山阴县、太原高新技术产业开发区、太原经济技术开发区国家税务局进行工作调研，看望慰问基层干部职工。

■ 2月

1日　山西省国家税务局2013年1月7日决定，任命张亚鹰、裴秀珍、张理兴、兰太萱等4人为山西省国家税务局调研员，其原任职务同时免去。

1日　山西省国家税务局2013年1月4日决定，任命王增明为大同市国家税务局调研员，免去其大同市国家税务局党组成员、副局长职务；任命贾益胜为晋中市国家税务局调研员，免去其晋中市国家税务局党组成员、副局长职务。

1日　山西省国家税务局2013年1月15日决定，任命张保云为山西省国家税务局副调研员，免去其山西省国家税务局巡视工作办公室副处长级巡视专员职务。

4日　山西省国家税务局根据《税务系统公务员奖励实施细则(试行)》的有关规定，决定：给予在2010年、2011年、2012年连续三年年度考核中被评为优秀等次的吴素贤、张锁林、曾随正、沙宏、李俊珅、岳青松、黄海文、孙玉杰、李亚峰、彭俊花、张学斌、刘芝荣等12名同志记三等功，给予在2012年年度考核中被评为优秀等次的高向东、杜飞彪、葛忠明、周增峰、安儒、韩海金、魏源、刘伟、毛劢、邓建军、段静斌、李峰、董树盛、张冰、高艳萍、张济涛、李瑞红、任志杰、张衍雁、边敏、李健、陈滨、范定国、刘叶、张华、乔景云、张媛、张涌、张宁、王春喜、赵卫东、张国伟、连彦政、张彦涛、叶琛、李敬慧、胡宝健、李嘉、阎小卿、冯丽珍、胡健、赵虎、邓秀平等43名同志嘉奖。

18日　刘素泰同志任职试用期满，考核合格。山西省国家税务局决定，任命刘素泰为山西省国家税务局离退休干部处处长，任职时间自2011年11月9日起计算。

20日　山西省国家税务局金税三期试点工作领导组及办公室正式成立。

26日　山西省国家税务局金税三期工程试点核心工作团队成立，试点前期工作正式启动。

■ 3月

4日—14日　国家税务总局在山西省税务干部学校举办金税三期工程试点工作辅导培训。期间，国家税务总局征管和科技发展司司长李林军出席培训动员会并讲话。

6日　国家税务总局督察内审司陈波处长一行到山西省国家税务局就“金税三期上线后进一步强化税收执法考核”召开调研座谈会。省局党组成员、纪检组长贾志坚参加座谈会。

11日—15日　全省国税系统处级干部学习贯彻党的十八大精神培训班在山西省国家税务局机关开班。山西省国家税务局党组书记、局长王学东出席开班仪式，并提出明确要求。

12日　山西省国税系统党风廉政建设工作会议在太原召开。

13日　山西省国家税务局2013年2月27日决定，任命王元智为运城市国家税务局副局长，免去其运城市国家税务局总经济师职务；任命帖梅山为大同市国家税务局副局长；免去王秉直的大同市国家税务局总经济师职务，另有任用；任命王忠寿为晋中市国家税务局副局长，免去其晋中市国家税务局总经济师职务。

13日　山西省国家税务局2013年2月27日决定，任命：朱志平为山西省国家税务局机关党委办公室（思想政治工作办公室）主任；免去：张华隆的山西省国家税务局机关党委办公室（思想政治工作办公室）主任职务；朱志平的山西省国家税务局税收科学研究所所长职务。

13日　省委第25批农村工作队山西省国家税务局工作队员一行5人（队长：董树盛，队员：邓红林、吴梅林、丁树森、张雯）进驻山西省国家税务局扶贫点吕梁市石楼县龙交乡。

13日　全省国税稽查工作会议在太原召开。

14日　山西省国家税务局党组2013年2月27日决定，免去帖梅山同志的大同市国家税务局纪检组组长职务，另有任用；任命王秉直同志为大同市国家税务局纪检组组长。

15日　山西省国家税务局、地方税务局和公安厅三部门召开省级税警联席会议。

16日—17日　山西省国家税务局在省税务干部学校组织2013年度山西省国家税务局系统考试录用公务员面试工作，750名考生参加面试，计划录用260人。

18日—31日　山西省国家税务局与运城市国家税务局组成联合巡视组，对新绛县、垣曲县国家税务局开展联合巡视检查。

21日　山西省国家税务局党组书记、局长王学东一行深入太原钢铁（集团）有限公司、西山煤电（集团）有限公司开展专题调研。

21日　山西省国家税务局党组副书记、副局长王德平一行深入阳泉市阳泉煤业集团和山西兆丰铝业有限责任公司开展专题调研。

21日　山西省国家税务局党组成员、纪检组长贾志坚，党组成员、副局长张有乾，党组成员、副局长范扎根，党组成员、总会计师王宏晋，党组成员、总审计师牛新文等分别深入大同、晋城、朔州、忻州、晋中、吕梁等市的重点税源企业，开展专题调研。

26日　全省国税系统企业所得税业务工作会议在太原召开。

26日　山西省国家税务局修订《山西省国家税务局税务稽查选案实施办法》《山西省国家税务局税务稽查实施办法》《山西省国家税务局税务稽查审理实施办法》《山西省国家税务局税务稽查执行实施办法》和《山西省国家税务局税务稽查档案管理实施办法》等5个制度。

■ 4月

1日　山西省国家税务局、山西省地方税务局联合举行第22个税收宣传月活动启动仪式暨“山西税务局长在线访谈”活动。

7日　山西省国家税务局党组书记、局长王学东参加省委常委、常务副省长高建民主持召开的一季度“一财两税”会议。

7日—11日　山西省国家税务局举办全省国税系统处级干部学习贯彻十八大精神第二期集中轮训学习班。

17日　山西省国家税务局党组书记、局长王学东，党组成员、纪检组长贾志坚，党组成员、副局长张有乾，党组成员、副局长范扎根，党组成员、总审计师牛新文，副巡视员张华隆，副巡视员、太原市国税局局长史爱生等省局领导先后在山西省演艺中心观看山西省第22个税收宣传月项目之一、以晋商老字号酿醋企业“诚信经营、依法纳税”为原型的独幕公益话剧《责任》。

19日　由中国国际税收研究会、中国税务杂志社、山西省国家税务局、山西省地方税务局、山西省国际税收研究会共同主办的“经济社会与税收制度发展”高层研讨会在太原召开。国家税务总局党组成员、副局长王力，国家税务总局原副局长、中国国际税收研究会顾问郝昭成，中国国际税收研究会副会长兼秘书长伊兵，中国税务杂志社社长尚力强，山西省国税局党组书记、局长王学东，山西省地税局党组书记、局长卢晓中以及中国国际税收研究会、中国税务杂志社、山西省国税局、山西省地税局、山西省国际税收研究会、太原市国税局等相关人员参加会议。山西省国税局党组书记、局长王学东致欢迎辞。

27日　山西省国家税务局税收科研课题研讨会在太原召开，对重点税收科研课题《深化税收征管改革研究》进行深入研讨。山西省国家税务局党组副书记、副局长王德平出席研讨会。

4月　山西省国家税务局老干部活动室被省委老干部局授予“2012年度全省先进老干部活动中心(室)”荣誉称号。

■ 5月

3日　山西省国家税务局2013年5月3日决定，任命张昌田为忻州市国家税务局副调研员，免去其忻州市国家税务局直属税务分局局长(副处级)职务。

6日　山西省国家税务局“山西省煤炭行业税负深度分析”在国家税务总局《税收分析报告》2013年第4期刊发。国家税务总局党组成员、副局长丘小雄作出重要批示：“元伟同志：山西这份报告写得很有深度，应予鼓励。收入规划部门应大力提倡这种深入研究分析的做法。”

7日　山西省国家税务局党组成员、副局长张有乾赴武汉参加国家税务总局党组成员、副局长丘小雄主持召开的全国部分地区提高税收收入增长质量小型专题会。

9日　山西省委常委、常务副省长高建民深入省国税局开展工作调研，并作重要讲话，对国税工作给予充分肯定。

14日　山西省国家税务局召开全省国税系统“营改增”试点工作视频动员会，对全省“营改增”试点工作进行全面动员和统一部署。

21日　山西省国家税务局2013年5月3日决定，任命王余屯为晋城市国家税务局副局长，免去其晋城市国家税务局纪检组组长职务；任命李凯民为忻州市国家税务局副局长，免去其忻州市国家税务局总经济师职务；任命杨树人为运城市国家税务局副调研员，不再担任运城市国家税务局党组成员、副局长职务；任命王学敏为临汾市国家税务局副局长，免去其临汾市国家税务局总经济师职务；任命韩传春为临汾市国家税务局副局长，免去其临汾市国家税务局总会计师职务。

23日　山西省国家税务局2013年5月22日决定，任命李裕德为山西省国家税务局副调研员，免去其山西省国家税务局监察室副处长级监察员职务。

24日　按照公安部和国家税务总局的统一部署，山西省公安厅、国税局、地税局联合召开打击整治发票违法犯罪专项行动动员部署会，全面启动税警联合专项打击整治行动。

28日　山西省国家税务局党组书记、局长王学东赴国家税务总局参加税务总局党组书记、局长王军主持召开的部分省市税收收入分析会。

28日　山西省国家税务局副巡视员陈建中一行对晋中市国家税务局开展巡视回访检查。

30日　山西省国家税务局党组书记、局长王学东，副巡视员张华隆一行深入省局扶贫点石楼县龙交乡调研指导扶贫工作。

30日　山西省国家税务局印发《山西省国家税务局关于对中央“八项规定”及省局党组今年一些重要工作落实情况进行督查调研的实施方案》。同时，专门成立督查调研组，从7月初开始，通过明察暗访、听取汇报、召开座谈会、发放问卷调查和查阅资料等方式，对7个市国税局和21个县(区)国税局贯彻落实工作情况进行督查调研，并将督察调研的情况进行全省通报。

■ 6月

3日—4日　山西省国家税务局党组书记、局长王学东，党组成员、纪检组长贾志坚分别参加以“倾听群众呼声、解决百姓难题、接受群众监督、展示部门形象、加强作风建设、促进和谐发展”为宗旨的《行风热线》及反馈节目。

4日　山西省国税系统督察内审工作视频会议在太原召开。

6日　山西省国家税务局党组书记、局长王学东参加省委常委、常务副省长高建民主持召开的“一财两税”1-5月份收入分析会。

6日　山西省国家税务局与地方税务局进行“营改增”试点纳税人的交接。省地税局向省国税局移交管户2.2万户，其中，交通运输业0.7万户，部分现代服务业(不包括广播影视服务)1.5万户。

7日—8日　山西省国家税务局党组成员、副局长张有乾一行先后深入晋城市国家税务局、晋城无烟煤集团，长治市国家税务局、山西潞安矿业(集团)有限公司，实地调研指导工作。

13日　山西省国家税务局印发《山西省国税系统依法行政示范单位创建实施办法(试行)》和《山西省国税系统依法行政示范单位创建评价标准(试行)》。

17日—21日　全国税务统计资料编辑工作会议在山西

省国家税务局忻州培训中心召开。

18日　山西省国家税务局召开全省国税系统金税三期工程上线工作动员会。国家税务总局征管和科技发展司司长李林军出席会议并提出指导意见。山西省国家税务局党组书记、局长王学东作重要讲话。

18日—19日　山西省国家税务局选派刘荣明、魏源参加省直机关干部五项全能比赛（电脑操作、公文写作、语言表达、党的知识、健步走）。魏源取得五项全能决赛总成绩第十名，党的知识单项决赛第六名，荣获省直机关干部五项全能决赛二等奖，被省直劳动竞赛委员会记个人二等功；刘荣明取得五项全能决赛总成绩第四十七名，语言表达单项决赛第三名。山西省国家税务局机关获得优秀组织奖。

18日—24日　山西省国家税务局对山西省税务干部学校开展巡视检查。

20日　北京市国家税务局总审计师高瑞君一行8人到山西省国家税务局就"营改增"试点工作进行实地对口支援。

20日—21日　山西省国家税务局党组副书记、副局长王德平一行赴江苏省南京市参加全国税务系统纳税服务工作专题会议。

24日—7月5日　山西省国家税务局对吕梁市国家税务局进行税收执法重点督察和财务审计。

27日　山西省国家税务局税收科研课题研讨会在临汾市召开，对重点税收科研课题《深化税收征管改革研究》《大企业税收管理研究》进行深入研讨。山西省国家税务局党组副书记、副局长王德平出席研讨会。

■ 7月

1日　山西省国家税务局党组成员、副局长张有乾参加国家税务总局在海南省海口市召开的全国车购税工作会议。

1日　山西省国家税务局2013年7月1日决定，任命尉为民为山西税务学校印刷厂厂长，其原任职务同时免去；任命刘丽萍为阳泉市国家税务局副调研员。

1日—3日　山西省国家税务局党组书记、局长王学东一行深入大同市国家税务局、朔州市国家税务局进行调研。

5日　山西省国家税务局党组成员、总会计师王宏晋参加十一届山西省政协经济委员会第一次全委（扩大）会议。

5日　山西省国家税务局和地方税务局联合召开中国烟草总公司、中国工商银行股份有限公司、中国大唐集团公司3户驻地企业集团的税收风险管理工作视频会议。山西省国家税务局党组成员、纪检组长、国地税联合协调小组组长贾志坚在会上作了动员部署。

5日　山西省国家税务局研究决定，免去郭绍洪的临汾市国家税务局副调研员职务，办理提前退休手续。退休时间自2013年7月起计算。

9日　山西省国家税务局党组书记、局长王学东参加省委常委、常务副省长高建民主持召开的"一财两税"上半年收入分析会。

15日—26日　山西省国家税务局对大同市国家税务局开展巡视检查。

19日　山西省国家税务局2013年7月1日决定，任命张勇为山西省国家税务局注册税务师管理中心副主任，其原任职务同时免去；任命杨永智为太原高新技术产业开发区国家税务局调研员，免去其太原不锈钢产业园区国家税务局党组书记、局长职务。

19日　山西省国家税务局2013年7月17日决定，不再续聘武世樊的山西省国家税务局注册税务师管理中心副主任（副处级）职务。

22日　山西省国家税务局召开党的群众路线教育实践活动动员大会。山西省国家税务局党组书记、局长、教育实践活动领导小组组长王学东对省局机关开展党的群众路线教育实践活动作动员部署。国家税务总局第四督导组组长王月仙作重要讲话，副组长王福临就有关事项作说明。山西省国家税务局党组副书记、副局长、教育实践活动领导小组副组长王德平主持会议，山西省国家税务局党组成员、纪检组长、教育实践活动领导小组副组长贾志坚宣读《山西省国家税务局机关党的群众路线教育实践活动实施方案》，山西省国家税务局机关全体党员干部及各直属单位主要负责同志参加会议。

25日　山西省国家税务局党组成员、副局长张有乾一行深入晋中市国家税务局调研指导"营改增"试点等工作。

25日—8月29日　财政部驻山西省财政监察专员办事处副巡视员郑福清一行13人，对山西省国家税务局税收政策执法情况和预算执行情况进行检查。

28日—29日　国家税务总局党组成员、副局长宋兰一行深入山西省国税局、地税局调研指导金税三期工程试点上线工作。调研期间，宋兰副局长分别听取省国税局、地税局关于金税三期工程上线工作汇报，深入太原市小店区国税局、地税局和省国税局、地税局金税三期工程上线运行集中办公地点调研指导工作，代表税务总局党组和王军局长亲切慰问金税三期工程工作小组的干部职工。

29日—8月9日　山西省国家税务局对晋中市国家税务局进行财务审计。

31日　山西省国家税务局召开“营改增”试点工作新闻通气会，山西省国家税务局党组成员、副局长、新闻发言人张有乾通报山西省“营改增”试点情况。据统计，截至7月30日，山西省11个市全部按时完成“营改增”试点纳税人确认工作，确认“营改增”试点纳税人17565户，其中：交通运输业4546户，现代服务业13019户；认定增值税一般纳税人2008户，其中：交通运输业916户，现代服务业1092户。

■ 8月

1日　国家税务总局党组书记、局长王军一行深入山西省督导检查“营改增”扩大试点工作，并就落实小微企业税收优惠政策和金税三期工程扩大试点准备工作进行调研。期间，王军局长深入太原市小店区国家税务局办税服务厅、山西焦煤集团有限责任公司、山西省电力勘测设计院进行调研，并主持召开6家不同行业纳税人代表参加的“营改增”座谈会，听取纳税人的意见和建议。

1日　0点05分，在山西领先大屏文化传媒有限公司开出山西省第一张发票号码为“00985609”的现代服务业增值税专用发票，标志着交通运输业和部分现代服务业营业税改征增值税试点在山西省正式上线运行。国家税务总局“营改增”试点工作第一督导组组长赵国际一行现场督导开票情况，国家税务总局办公厅副主任王陆进、程俊峰（副司级），货物和劳务税司副司长饶立新，山西省国家税务局党组成员、副局长张有乾，党组成员、总审计师牛新文，副巡视员、太原市国家税务局局长史爱生到现场指导工作。

2日　山西省国家税务局在省局机关召开民主评议政风行风对话会，省纪委监察厅纠风室正处级检查员、监察员任金龙出席会议，来自各行业的行风监督员、纳税人代表等60余人和省局相关处室负责人参加会议，山西省国家税务局党组成员、纪检组长贾志坚和省纪委监察厅纠风室正处级检查员、监察员任金龙分别作讲话。

2日　山西省国家税务局2013年7月17日决定，任命焦永康为太原不锈钢产业园区国家税务局党组书记、局长，免去其太原高新技术产业开发区国家税务局党组成员、副局长职务。

3日　山西省国家税务局党组成员、总审计师牛新文带领山西省国家税务局金税三期工作团队深入阳泉市国家税务局对金税三期“零历史数据”模式试点运行情况进行调研督导。

5日　山西省国家税务局党组成员、总审计师牛新文一行深入长治市国家税务局调研指导金税三期上线运行准备工作。

5日　山西省国家税务局2013年7月17日决定，任命李军为运城市国家税务局副局长，免去其运城市国家税务局总会计师职务。

6日　山西省国家税务局党组书记、局长王学东同志在省局机关讲授题为《完善机制 转变职能 更好地为纳税人服务》的党课。

7日　山西省国家税务局决定，免去姜忠河的阳泉市国家税务局副调研员职务，办理退休手续。退休时间自2013年9月起计算。

7日　在吕梁市国家税务局机关，省局和市局联合组织召开民主评议政风行风对话会，省局相关处室负责人、吕梁市局相关科室负责人以及吕梁市局聘请的行风监督员、吕梁市人大政协代表、服务对象和社会各界人士参加了对话会，省行评办主任任金龙应邀出席对话会。

8日　山西省国家税务局党组成员、总审计师牛新文一行深入大同市国家税务局，围绕金税三期上线准备情况开展工作调研。

10日　2013年度新录用的258名公务员正式办理报到手续。

13日　山西省国家税务局党组副书记、副局长王德平一行深入太原高新技术产业开发区国税局、太原经济技术开发区国税局，就国税局、地税局联合办税情况进行专题调研。

14日　山西省国家税务局党组书记、局长王学东深入太原市迎泽区国家税务局调研指导“营改增”扩大试点工作和金税三期工程上线工作。

15日　全省国税系统税收形势分析会在太原召开。

19日　山西省国家税务局决定，免去张榜文晋城市国家税务局副调研员职务，办理退休手续。退休时间自2013年9月起计算。

28日—29日　山西省国家税务局副巡视员陈建中一行对晋城市国家税务局开展巡视回访检查。

8月　全省国税系统组织开展以“加快推进依法行政，保障国税事业发展”为主题的依法行政宣传月活动。

■ 9月

1日　山西省国家税务局党组成员、副局长张有乾一行深入太原市杏花岭区国家税务局办税服务厅和吕梁市交城县国家税务局办税服务厅调研督导“营改增”试点纳税人申报工作。

1日　8:05，山西省实施“营改增”后，太原市杏花岭区国家税务局办税服务厅为中汇山西税务师事务所有限公司开具出全省第一张现代服务业税收通用缴款书。随后，全省各级国税机关陆续成功接受交通运输、混业经营、文化事业等行业纳税人的纳税申报。

2日至12月31日　山西省国家税务局在山西省税务干部学校举办全省国税系统2013年度新录用人员初任培训班，共269人参加培训。

4日　山西省国家税务局、地方税务局与中国人民银行太原中心支行分别签署合作备忘录，就税银双方合作打击洗钱和偷税等违法犯罪活动达成协议。

5日—6日　山西省国家税务局对临汾市国家税务局开展巡视回访检查。

6日　山西省国家税务局决定，免去张理兴山西省国家税务局调研员职务，办理退休手续。退休时间自2013年10月起计算。

7日　山西省国家税务局党组成员、总审计师牛新文一行深入忻州市国家税务局就金税三期工程上线准备情况进行工作调研。

9日　山西省国家税务局党组书记、局长王学东参加省委常委、常务副省长高建民主持召开的“一财两税”1-8月份收入分析会。

10日　山西省国家税务局党组书记、局长王学东一行深入吕梁市柳林县国家税务局调研指导工作。

11日　山西省国家税务局召开全省国税系统组织收入工作座谈会。

17日　山西省国家税务局党组书记、局长王学东在太原市国税局主持召开“营改增”试点企业座谈会。山西省国家税务局党组成员、副局长张有乾，副巡视员、太原市国税局局长史爱生，省、市局相关业务处室负责人以及中国东方航空公司山西分公司等13户纳税人代表参加座谈会。

23日　山西省金税三期核心征管系统车辆购置税业务提前一天上线。山西省国家税务局党组成员、总审计师牛新文带领省、市局金税三期试点办核心团队相关人员，深入太原市杏花岭区国家税务局，调研指导金税三期工程车辆购置税业务提前上线运行情况。

23日　山西省国家税务局根据《山西省国税系统依法行政示范单位创建实施办法（试行）》和《山西省国税系统依法行政示范单位创建评价标准（试行）》文件，评选出11个县（市、区）局为“全省国税系统依法行政示范单位”。

26日　全省国税系统财务采购工作座谈会在太原召开。

26日　山西省国家税务局党组书记、局长王学东参加国家税务总局在济南市召开的部分省市“营改增”和金税三期调研座谈会。

27日　全省国税系统部分重点县（市、区）组织收入工作（北片）座谈会在省局忻州培训中心召开。山西省国家税务局党组成员、副局长张有乾出席会议并作讲话。

29日　山西省金税三期工程单轨上线再动员视频会在省局三楼会议室召开。山西省国家税务局党组书记、局长王学东作重要讲话。

29日　按照《国家税务总局关于开展国家税务局系统停止新建楼堂馆所和清理办公用房及基本建设情况检查的通知》要求，在全系统深入开展停止新建楼堂馆所和清理办公用房及基本建设情况检查工作。通过清理检查，在停止新建楼堂馆所检查方面，全系统停建项目48个。在办公用房和领导干部办公用房清理方面，全系统腾退面积6526.28平方米。在基本建设管理情况检查方面，未发现违规问题，并顺利通过国家税务总局的检查。

29 日　山西省国家税务局 2013 年 9 月 5 日决定，任命问治华为吕梁市国家税务局副调研员；任命杨全民为晋城市国家税务局经济技术开发区税务分局局长，免去其晋城市国家税务局副局长职务；任命陈明太为晋城市国家税务局副调研员，免去其晋城市国家税务局经济技术开发区税务分局局长职务。

■ 10 月

8 日　作为金税三期首批试点单位，金税三期工程系统在山西省国税系统顺利上线并平稳运行。国家税务总局征管和科技发展司司长任荣发，山西省国家税务局党组书记、局长王学东深入太原市迎泽区国家税务局调研督导上线工作。调研期间，任荣发司长、王学东局长与山西省国税系统金税三期工作人员进行座谈。任荣发司长转达国家税务总局党组对金税三期全体工作人员的问候，向为金税三期上线做出积极努力和奉献的广大税务干部表示敬意和慰问。

8 日　山西省国家税务局党组成员、副局长张有乾深入大同市国家税务局督导金税三期上线运行情况。

9 日　国家税务总局党组书记、局长王军给山西省国家税务局党组书记、局长王学东打电话，询问金税三期工程上线运行情况，祝贺山西省国税系统金税三期顺利上线、平稳运行，慰问和感谢奋战在金税三期工程一线的干部职工和工程技术人员，希望大家继续努力，确保金税三期工程平稳运行，同时要认真分析总结金税三期工程试点的问题和经验，为金税三期工程下一步推广提供借鉴。

9 日—12 日　《企业所得税行业管理操作指南》（第三批）终审会在太原召开。税务总局所得税司副司长缪慧频主持会议，《企业所得税行业管理操作指南》（第三批）牵头编写单位北京市、山西省、山东省、深圳市、青岛市国税局，北京市、山西省、四川省、青岛市地税局所得税处相关人员，以及参审单位 19 个省、市国税局、地税局所得税处相关人员，共计 40 余人参加会议。

10 日　山西省国家税务局党组书记、局长王学东参加省委常委、常务副省长高建民主持召开的“一财两税”前三季度收入分析会。

16 日　全省国税系统部分重点县（市、区）组织收入工作（南片）座谈会在长治市召开，山西省国家税务局党组成员、副局长张有乾出席会议并作重要讲话。

17 日　山西省国家税务局成立转型综改试验区工作领导组。

23 日　山西省国家税务局决定，免去张新康的山西省国家税务局调研员职务，办理退休手续。退休时间自 2013 年 11 月起计算。

25 日　山西省国家税务局参加省政府法制办组织的省委依法治省领导组依法行政联席会议暨依法行政经验交流会，并作为 4 个被邀请单位的代表在会上作经验交流发言。

30 日　山西省国家税务局决定，免去王红计的晋城市国家税务局副调研员职务，办理退休手续。退休时间自 2013 年 11 月起计算。

30 日　山西省国家税务局召开金税三期系统评析会议。山西省国家税务局党组书记、局长王学东就进一步提高金税三期应用质量和水平提出要求。

31 日　山西省国家税务局决定，免去巩宝银的忻州市国家税务局副调研员职务，办理退休手续。退休时间自 2013 年 11 月起计算。

3 月—10 月　山西省国家税务局根据国家税务总局统一部署，在全省范围内组织开展对成品油批发、零售企业；办理电子、家具、服装类产品等出口退（免）税的企业；证券公司、基金公司；经销钢材、水泥及其水泥制品的建材经销企业的税收专项检查工作，全省共检查企业 1632 户，查补税款 79758 万元。

3 月—10 月　根据国家税务总局开展专项整治工作的要求，山西省国家税务局结合实际工作需要，将长治市屯留县和忻州市宁武县的煤炭生产运销行业确定为省级税收专项整治重点区域，采取省局全程督导，市级具体实施的方式开展税收专项整治工作。全年共检查企业 29 户，查补税款 434.21 万元。

3 月—10 月　山西省国家税务局组织开展对省级重点税源企业某煤业有限公司的税收检查工作，查补税款 1 亿元。

■ 11 月

2 日—3 日　山西省国家税务局党组成员、副局长张有乾参加国家税务总局在海南召开的部分地区税收形势分析小型专题会。

4日　中国税务报社聘任王跃峰为中国税务报社山西记者站副站长。

4日—15日　山西省国家税务局对太原经济技术开发区国家税务局开展巡视检查。

5日　山西省国家税务局召开党组专题民主生活情况通报会。山西省国家税务局党组副书记、副局长王德平主持会议，山西省国家税务局党组书记、局长王学东通报山西省国家税务局党组专题民主生活会情况，山西省国家税务局机关副处级以上干部以及直属单位主要负责人、税务总局第四督导组成员出席会议。税务总局第四督导组副组长王福临对山西省国家税务局党组专题民主生活会给予充分肯定。

7日　山西省国家税务局党组成员、副局长张有乾参加省委常委、常务副省长高建民主持召开的“一财两税”1—10月收入分析会。

7日　全省国税系统纳税服务工作会议在太原召开。

13日　山西省国家税务局2013年10月29日决定，任命原文泽为运城市国家税务局副调研员，免去其运城市国家税务局党组成员、副局长职务。

13日　全省组织收入工作座谈会在山西省国家税务局召开。山西省国家税务局党组书记、局长王学东出席会议并作重要讲话。

14日　由晋城市国家税务局牵头，山西省国家税务局政策法规处、省税务干部学校、运城市国家税务局共同参与的《促进我省转型综改试验区建设税收政策研究》课题研讨会在晋城召开。

14日　山西省国家税务局与中国人民银行太原中心支行按照“依法办事、分工协作、信息共享、安全保密”的原则，共同签署合作备忘录。

18日　山西省国家税务局召开党组中心组（扩大）学习会，传达学习《中国共产党第十八届中央委员会第三次全体会议公报》《中共中央关于全面深化改革若干重大问题的决定》。山西省国家税务局党组书记、局长王学东主持会议，并就贯彻落实全会精神作出部署。

19日　山西省国家税务局党组书记、局长王学东，党组成员、副局长张有乾赴国家税务总局向税务总局党组书记、局长王军及收入规划核算司领导汇报2013年以来全省国税收入情况。

20日　山西省国家税务局组织全省国税系统269名拟走上执法岗位的新录用人员参加2013年第二次全国税务人员执法资格统一考试。

25日　“税务综合办公信息系统”在山西省国税系统167个单位、2726个部门、10666个用户顺利上线运行。

27日　由吕梁市国家税务局牵头，山西省国家税务局巡视工作办公室、运城市国家税务局、长治市国家税务局共同参与的《加强和改进巡视工作研究》课题研讨会在吕梁召开。

29日　由大同市国家税务局牵头，山西省国家税务局机关党委办公室、山西省国家税务局科研所、阳泉市国家税务局、晋中市国家税务局共同参与的《加强国税部门党建工作研究》课题研讨会在大同召开。

11月　山西省国家税务局从4月到11月，在全省范围内展开打击发票违法犯罪专项行动，共计检查企业5916户，查处违法企业3630户，查处非法发票38995份，查补收入48159万元，协助配合公安机关立案189件，抓获犯罪嫌疑人117人，移送起诉案件22起，捣毁发票犯罪窝点6个，打掉团伙1个，缴获作案机器6台，缴获发票份数1619817份，涉税案值金额23亿元。

全省国税系统上线运行防伪税控加解密服务器，为解决“一窗通办”和“同城办税”创造条件。

12月

2日　山西省国家税务局被省直工委命名为首批山西省省直机关廉政文化示范单位，山西省国家税务局党组成员、纪检组长贾志坚同志代表省局在省直机关廉政文化建设交流会上作典型发言。

2日　山西省国家税务局党组书记、局长王学东，党组成员、副局长张有乾赴国家税务总局向税务总局党组成员、副局长丘小雄汇报2013年以来全省国税收入情况。

4日　山西省国家税务局稽查局在吕梁市国税局组织召开全省国税系统2013年稽查文书及档案管理检查展评会。

5日—6日　山西省国家税务局举办处级主要领导干部十八届三中全会精神研讨班暨山西省国家税务局党组中心组（扩大）学习会。山西省国家税务局党组书记、局长王学东作重要讲话。

10 日　山西省国家税务局党组副书记、副局长王德平参加省委常委、常务副省长高建民主持召开的“一财两税”1—11 月收入分析会。

12 日　由忻州市国家税务局牵头，山西省国家税务局督察内审处、山西省税务干部学校、大同市国家税务局共同参与的《构建和完善税收执法监督体系研究》课题研讨会在忻州召开。

17 日　山西省国家税务局召开政风行风工作问卷测评会。山西省国家税务局党组书记、局长王学东出席会议，党组成员、纪检组长贾志坚作工作汇报，山西省政风行风测评考核组组长陈建国出席会议并讲话。

18 日　山西省国家税务局 2013 年 12 月 4 日决定，任命郭兆德为晋中市国家税务局副调研员，免去其晋中市国家税务局党组成员、副局长职务；任命刘庶田为忻州市国家税务局副调研员，免去其忻州市国家税务局党组成员、副局长职务；任命冯建国为运城市国家税务局副调研员，免去其运城市国家税务局稽查局局长职务；任命骈秋保为阳泉市国家税务局副调研员，免去其阳泉市国家税务局稽查局局长职务。

19 日　由朔州市国家税务局牵头，山西省国家税务局纳税服务处、忻州市国家税务局和吕梁市国家税务局共同参与的《实现税收征管与纳税服务协调互动机制研究》课题研讨会在朔州市召开。

19 日　山西省国家税务局对太原高新技术产业开发区国家税务局开展巡视回访检查。

20 日　山西省国家税务局举办道德讲堂，组织全体干部职工集体观看反映税务系统模范事迹的故事片《红烛》。

20 日　山西省国家税务局对太原市国家税务局开展巡视回访检查。

24 日　由晋中市国家税务局牵头，山西省国家税务局人事处、山西省国家税务局稽查局、朔州市国家税务局共同参与的《实施一级税务稽查模式研究》课题研讨会在晋中召开。

24 日　山西省国家税务局在全省国税系统开展“三察”工作，并对“衙门”作风和“权力寻租”行为集中开展专项整治。

27 日　山西省国家税务局第四课题组税收科研课题研讨会在阳泉市召开，围绕科研课题《提升税收收入质量关键指标与路径研究》进行深入研讨。省局党组成员、副局长张有乾参加研讨会。

30 日　山西省国家税务局决定，免去郭彦林的晋中市国家税务局副调研员职务，办理退休手续。

十六 重要文献

认真贯彻落实党的十八大精神 努力开创全省国税工作新局面

——在全省国税工作会议上的讲话

王学东

（2013年1月17日）

同志们：

这次全省国税工作会议的主要任务是：认真学习贯彻党的十八大精神，根据全国税务工作会议和全省经济工作会议部署，回顾总结2012年的工作，安排部署今年的各项工作任务。下面，根据省局党组研究的意见，我讲四个问题。

一、把握大局，攻坚克难，2012年全省国税工作成效显著

过去的一年是全省国税工作经受严峻考验和挑战的一年。全省各级国税机关紧紧围绕主题主线，按照稳中求进的总基调，坚持治税理念，完善管理机制，积极发挥税收职能作用，各项工作取得了新成绩。

一是服务经济社会发展作用突出。面对复杂多变的经济税收形势和经济下行压力，我们密切关注经济税源变化趋势，加强税收分析预测，强化税收征管，积极挖潜增收，既牢固坚持组织收入原则，又积极落实国家结构性减税政策。先后七次召开全省收入形势分析会、重点税源企业座谈会，提出加强组织收入工作的意见，重心下移强化督导，加强与地方党委和政府的协调沟通，正确处理复杂矛盾，实事求是把握大局，增强了工作主动性。2012年，全省国税收入稳中有增，共完成1316.74亿元，同比增长5.78%，增收72亿元，为我省转型跨越发展提供了有力的财力保障。严格落实结构性减税政策和各项税收优惠政策，全年共办理减免抵退税126.3亿元；做好太原武宿综合保税区申建工作，认真落实出口退税审批限时办结制度，共办理出口退（免）税25.9亿元。积极服务我省转型综改试验区建设，加强政策调研论证，制定国税部门专项行动方案，受到省转型综改办充分肯定。省局被省政府命名为“全省就业工作先进集体”。

二是税收法治环境进一步优化。积极推进税务行政审批制度改革，严格落实《行政强制法》，抓好税收规范性文件管理和清理工作，提高了制度建设质量。进一步推进依法行政工作考核，全面落实税收执法责任制，加强税收执法实时预警、动态监控和疑点核查，做好行政复议工作，促进了执法行为规范，全省执法质量考核保持了良好水平。深入开展税收执法督察，发现并纠正9个方面78项问题。大力开展税收专项检查和专项整治，广泛开展查处虚假发票竞赛活动，严厉打击成品油领域的发票违法犯罪，查补入库税款19.11亿元。

三是纳税服务水平明显提升。积极创新服务平台，全省147个办税服务厅实现了标准化，省级12366热线运行以来解答咨询3.2万次，国税网站、纳税人之家建设进一步深入，“税收宣传月”活动蓬勃开展。大力推广多元化办税方式，优化办税流程，开展“免填单”“办税导航”服务，探索试行“一窗通办”“同城通办”，全省纳税人有12.4万户使用网上申报，17.4万户通过财税库银联网缴税。完善纳税信用等级评定指标体系和方式方法，评定工作更加公平、客观、高效。推进纳税人权益保护工作，开展纳税人需求调查3.4万户次。依法加强对注册税务师行业的监管，促进行业健康发展。加强纳税服务自身建设，专业化纳税服务组织体系、制度体系初步建立，干部服务意识进一步增强，20个模范办税服务厅和100名纳税服务标兵、156名办税服务厅业务标兵受到省局表彰。去年的全国纳税人满意度调查中，我省国税系统名列第九。

四是税源控管能力稳步提高。积极稳妥地深化税收征管改革，明确改革发展思路，抓好体制机制规划，着力破解难题，征管现代化建设有序推进。深入推进税源专业化管理，全年纳税评估入库税款28亿元，占到去年税收收入的2.25%，特别是着力提升了煤炭行业税收风险应对质效，煤炭行业评估入库税款达17.2亿元。加强欠税核算分类管理，清缴陈欠2.58亿元、呆账税金2亿元，6个市年末无新欠。积极发挥信息化支撑作用，圆满完成金税三期广域网络建设，搭建风险管理信息平台，建立发票数据库，推广机打发票，数据应用分析水平进一步提升。在各税种管理上，重点抓好增值税专用发票和固定资产抵扣管理，改进消费税、车购税管理；加强企业所得税汇算清缴和跨地区经营汇总纳税企业管理，提升了税源控管水平；加强出口退税执法风险管理，开展出口货物供货企业生产经营情况真实性核查，强化出口货物劳务退（免）税预警工作；加大国际税收监管力度，全年入库非居民企业所得税5.98亿元。积极探索大企业税收专业化管理模式，对中石化等24户税务总局定点联系企业驻晋机构开展自查督导和后续管理，补缴税款1.1亿元。

五是干部队伍素质和活力不断增强。加强领导班子建设，实施干部培训学分制管理，开展领导干部综合考核评价，调整任用部分市局领导班子成员及副调研员，加强巡视监督，优化了班子结构，增强了凝聚力和战斗力。改进干部教育培训，省局共组织各类培训47期，培训干部3420人次，干部业务技能切实提升。全面落实反腐倡廉各项任务，认真学习贯彻《税收违法违纪行为处分条例》，健全内控机制，惩防体系建设2008—2012年五年规划目标如期完成。建设廉政教育基地，加大"庸懒散"治理力度，促进了干部清正廉洁，全省国税系统连续八年被省政府评为政风行风评议先进集体。深入学习贯彻党的十八大精神，大力开展创先争优和保持党的纯洁性学习教育活动，加强系统党建和基层党组织建设，集中表彰了2010年以来全系统涌现出的先进基层党组织、优秀共产党员和优秀党务工作者，组织"我身边的好税官"评选宣传活动，凝聚了人心，鼓舞了士气。深入开展文明和谐创建活动，省局和各市、县局均保持已获得的"文明和谐单位标兵"和"文明和谐单位"荣誉称号。

六是内部管理更加规范。强化工作考核、督查督办、政务值班工作，保证了政令畅通、工作落实。建立和落实舆情、信访、应急管理"三位一体"工作机制，营造了和谐稳定环境。坚持服务基层，全年共下拨1.3亿元专项资金用于人员经费、离退休人员补助和困难补助，新建维修办公场所21个，配置1300万元办公设备。坚持厉行节约，全面推进公务卡改革，严格控制"三公"经费，依法开展政府采购，后勤管理和服务保障能力得到增强。组织离退休干部开展丰富多彩的活动。深入开展税收科研课题调研，课题质量进一步提高。

过去的一年，全省国税系统坚持科学把握大局，依法履职，强化管理，凝心聚力，虽然面临诸多困难和挑战，但上下同心，砥砺奋进，经受了考验，工作成绩来之不易，工作经验弥足珍贵。一年来，全省国税工作得到了税务总局和省委、省政府的正确领导，得到了社会各界及广大纳税人的支持和帮助，更主要的是得益于全省广大国税干部职工的艰辛努力和不懈拼搏。在此，我代表省局党组，向全省国税系统干部职工表示衷心的感谢！

在肯定成绩的同时，我们也要清醒地看到工作中存在的不足和问题：征管基础不够牢固，税源控管存在薄弱环节，风险管理的观念、手段、机制亟待提高完善；纳税服务意识有待提高，服务平台和方式有待进一步拓展；教育培训针对性不强，高层次、专业化人才还较匮乏，队伍动力不足、活力不够问题亟待解决；有的干部法治观念淡薄，依法行政的意识和能力不足；少数干部作风漂浮，个别干部甚至以税谋私、为税不廉。对这些问题，我们要采取更加有力的措施，认真加以解决。

二、领会精神，认清形势，进一步增强做好国税工作的责任感和使命感

党的十八大描绘了全面建成小康社会的光辉前景。为了贯彻落实党的十八精神，中央经济工作会议、全国税务工作会议和全省经济工作会议相继召开，全面分析了经济发展形势，对做好今年的经济和税收工作作出了重要部署。各级国税机关要切实把思想统一到党的十八大精神上来，统一到中央、税务总局和省委省政府的工作部署上来，认清形势，明确任务，凝聚力量，推动工作。

要准确把握税收工作面临的新要求。党的十八大提出要确保到2020年实现全面建成小康社会宏伟目标，提出了“五位一体”的整体布局，在加快经济结构战略性调整、全面推进依法治国、创新行政管理方式、建立健全权力运行约束与监督体系等方面，阐述了一系列新思想、新论断，这些方面都引领着税收工作方向。各级国税机关要认真学习党的十八大精神，武装头脑，推动实践。要牢牢把握全面建成小康社会的新要求，充分发挥税收职能作用，为夺取中国特色社会主义新胜利提供财力保障和税收政策支持。牢牢把握到2020年基本建成法治政府的新要求，进一步推动领导决策科学化、行政管理法治化、税收执法规范化。牢牢把握加快改革财税体制、创新行政管理方式的新要求，逐步形成有利于促进科学发展和加快转变经济发展方式的税收征管制度安排。牢牢把握执政能力建设和先进性、纯洁性建设这条主线，造就一支高素质专业化的国税干部队伍，建设职能科学、结构优化、廉洁高效、人民满意的国税机关。

要准确把握税收工作面临的新任务。随着社会主义市场经济的发展，税收作为重要的宏观调控手段，其地位和作用日益凸显。中央经济工作会议提出要坚持稳中求进，把促进经济持续健康发展确定为今年首要任务，并继续实施积极的财政政策。全省经济工作会议强调，要以提高经济增长质量和效益为中心，提出“地区生产总值增长10%，财政总收入增长12%”的目标。全国税务工作会议强调，要以结合税制改革完善结构性减税政策、提高税收收入增长的质量为重点，着重抓好依法组织收入等七个方面工作。这些目标任务对做好今年税收工作有着十分重要的指导意义。我们要真正把工作重心转移到既注重收入数量的增长、更注重质量的提高上来，形成真实可用的财力；真正把工作重心转移到严格落实结构性减税政策上来，更好地发挥税收宏观调控的作用。各级国税机关一定要认真贯彻落实税务总局和省委省政府的工作部署，围绕“两个转移”来展开、推动各项国税工作。

要准确把握税收工作面临的新形势。当前，我国发展仍然具备难得的机遇和条件，经济社会发展基本面长期趋好，国内市场潜力巨大，社会生产力基础雄厚，城镇化发展进入加速阶段。但经济不平衡、不协调、不可持续的问题依然突出，经济增长下行压力和产能相对过剩的矛盾有所加剧，企业生产经营成本上升和创新能力不足的问题并存，经济发展和资源环境的矛盾仍然突出。我省煤炭、焦化、冶金、电力等传统优势行业的市场需求减弱、利润空间收窄，对税收影响明显。在这种形势下，税收工作既具有难得的机遇和有利条件，也面临不少困难和挑战，转方式、调结构的调控任务仍然很重，惠民生、促发展的财力要求仍然很高。我们必须保持清醒的头脑，做好应对困难的思想准备，坚定信心，攻坚克难，采取针对措施，强化工作落实，牢牢把握工作主动权。

要准确把握税收工作面临的新课题。随着时代的发展、形势的变化，整个社会的思想观念、利益格局和社会结构都发生深刻变化，对税收工作也产生着重大影响。纳税人维权意识不断增强，涉税诉求增多，税收问题的社会关注度日渐提高，涉税社会管理的要求越来越高，如何适应社会管理的要求成为税收工作的重要课题；纳税人数量和规模的不断增加、企业组织形式、经营方式更加复杂，给税收管理理念、管理方式和资源配置带来深刻影响，为进一步优化纳税服务和深化征管改革提出了新课题；税务系统点多面广、队伍庞大，国税干部思想活动的独立性、选择性、多变性、差异性明显增强，由思想观念、年龄结构、利益分配、执法不规范等引发的干部管理问题日益增多，抓班子、带队伍的任务日益艰巨。这些新课题、新任务，迫切需要我们理清管理思路，创新管理举措，破解管理难题，努力开创国税事业发展的新局面。

面对新形势新要求新任务，根据中央经济工作会议、全国税务工作会议和全省经济工作会议精神，今年全省国税工作的总体要求是：**认真贯彻落实党的十八大精神，紧紧围绕服务科学发展、共建和谐税收的工作主题，夯实基础，改革创新，在建立健全税源专业化管理体系、纳税服务体系、执法监督体系上求突破，推动依法行政进一步规范、税收管理水平持续提高、队伍活力有效提升、工作作风明显转变，在新起点上为全省经济社会发展作出新贡献**。

在税收工作中，各级国税机关要自觉做到：**一是更加注重发挥税收职能作用**。围绕中心、服务大局，是国税部门以实际行动落实十八大精神的具体表现。要始终把发挥税收职能作用作为服务经济社会发展的重要内容，依法组织收入，实现应收尽收，为经济社会发展提供可靠的财力保障；全面落实税收政策，优化资源配置，促进加快转变经济发展方式。着眼于转型综改试验区建设，深入细致地开展工作，及时提出政策建议，调整服务管理措施，切实提高服务大局的针对性。**二是更加注重依法行政**。把依法行政作为税收工作的生命线，作为税收工作的基本准则贯穿始终。要强化法治理念，所有税收工作都必须在法律授权的范围内进行。把法治要求融入到税收工作全过程，切实学会运用法治思维统筹税收工作。不断完善执法程序，规范执法行为，明确和遵守执法环节步骤，细化执法流程，规范执法文书，合法合理地行使税务行政裁量权，最大限度地减少执法随意性。建立健全执法监督体系，开展执法过错提示和预警，严格执法过错的责任追究，不断提高执法质量。**三是更加注重改革创新**。改革成就伟业，创新推动发展。要实现国税事业的新发展，必须继续弘扬改革创新精神，努力构建系统完备、科学规范、运行有效的税收体制机制。牢固树立风险管理理念，大力推行专业化、信息化管理，探索推进以税源专业化管理为重点的税收征管改革。探索和把握纳税服务工作规律，从制度设计、业务规范、平台建设、组织保障等方面，系统推进纳税服务体系建设，形成内容科学、标准统一、程序规范的纳税服务运行机制。继续深入推进依法行政，从落实执法责任、强化监控预警、严格考核管理等关键环节，完善监督体制，加大监督力度，着力规范执法行为。以激发活力、创新管理为主线，改进和完善干部教育培训、激励保障和管理监督制度，不断提高干部队伍建设水平。**四是更加注重基层建设**。基层是税收工作的主战场。把基层建设好，税收改革发展才有扎实的根基和永续的后劲。加强基层领导班子，提高基层工作的执行力，切实把各项税收工作措施落到实处。进一步完善基层工作制度，同时加大监督检查和问责力度。要以基层干部为重点，完善干部培训机制和管理机制，提升岗位技能和业务素质，强化责任，激发活力。坚持服务基层，加大对基层的投入，切实解决基层面临的困难，为基层工作顺利开展创造良好的条件。

三、明确任务，突出重点，全力做好今年各项国税工作

今年要重点做好以下九方面的工作：

（一）依法组织收入，促进税收与经济协调增长

今年，税务总局安排我省的税收计划比上年增长8%，省政府下达我省与地方财力挂钩收入比上年增长14.4%。在今年的经济税收形势下，要完成这一指标，仍有不少困难。我们一定要及早动手，未雨绸缪，把困难估计得充分一些，把预案做得完备一些，切实把握组织收入工作的主动权。坚持组织收入原则。依法征税、应收尽收，坚决不收过头税，坚决防止和制止越权减免税，坚决落实各项税收优惠政策。提高税收收入质量。全面推广税收收入质量评价系统，建立收入质量评价考核的常态机制，把工作精力和重心转移到抓收入质量上来，促进税收增长与经济增长的协调发展。强化组织收入措施。认真开展经济税收分析，制定和落实重点税源监控实施办法，深化监控数据分析应用。建立与重点税源企业的税企沟通渠道，加强收入预测，提高收入预测的准确度。大力清理和控制欠税，确保实现当年无新欠。强化对税收计划执行情况的检查指导，及时调整组织收入工作重点和措施。抓好沟通协调。建立内外部统筹协调机制，加强同财政、地税、工商等部门的联系，及时向地方党委政府汇报组织收入工作中的重大问题。

（二）全面落实税收政策，更好地服务经济社会发展

抓好税收政策贯彻落实，积极争取有利于山西省发展的税收政策。落实各项税收优惠政策。以支持新兴产业、文化产业、流通业及小微企业发展为重点，认真抓好结构性减税政策的贯彻落实。加强部门配合协调，提高优惠政策落实效率，为企业发展创造良好的环境和条件。抓好税收政策调研。重点围绕山西转型综改试验区建设，按照《转型综改试验区国税部门实施方案》，落实国税工作任务，抓好税收政策调研和政策需求论证工作，积极争取税务总局对我省的政策支持。加强税收政策分析。进一步做好税收政策执行情况反馈工作，加强跟踪问效，开展效应分析评估，积极提出政策改进建议。

（三）健全执法监督体系，全面推进依法行政

在加强法治教育、规范执法程序的同时，理顺机制，落实责任，强化制约。建立健全执法监督机制。整合政策法规、督察内审、监察等部门的工作要求和职责，加强协同，形成合力，建立健全执法监督组织体系。进一步加强对税收规范性文件的合法性审查和管理工作，继续做好行政审批项目清理工作，加大对税务行政审批权的监督制约。围绕落实结构性减税政策和税收征管的关键环节，深入开展执法督察，抓好远程执法督察及疑点数据核查工作。继续落实好税收执法责任制，强化责任追究。加强依法行政工作考核，深入开展依法行政示范单位创建工作，大力培育依法行政典型。防范税收执法风险。制定规范税务行政处罚裁量权的实施办法，明确执行标准，不断规范干部执法行为。完善税收执法风险防范制度，建立执法风险防范体系。改进重大税务案件审理制度，从源头上预防执法风险。借助信息化手段，强化对税收执法风险的预警和防范。进一步做好税务行政复议、应诉工作，依法化解涉税矛盾纠纷。整顿和规范税收秩序。以查办重大案件和典型案件为突破口，加大税收违法案件查处力度。认真做好税务总局指令性行业税收专项检查，结合我省实际选择1—2个行业开展打击虚开增值税专用发票专项检查，抓好区域税收专项整治工作，有序开展重点税源企业检查工作。

（四）夯实管理基础，加强税收业务管理

认真分析研究当前税收业务管理中存在的突出问题，针对性地采取措施，堵漏增收。加强各税种管理。规范和改进增值税扣税凭证预警管理、商贸企业风险管理，加强烟酒类产品消费税最低计税价格管理，全面实施车购税自助办税。按照税务总局部署，做好“营改增”的有关工作。严格执行出口退税限时办结制，强化进出口税收风险预警管理，做好出口退税函调工作。加强企业所得税税前扣除管理，完善核定征收办法，做好汇算清缴工作，加强后续管理。加大关联申报审核力度，强化非居民企业股权转让和反避税管理。抓好户籍管理。大力开展漏征漏管户清查，严格税务登记注销管理，实行“宽进严出”，切实堵塞管理漏洞。加强发票管理。探索建立科学有效的增值税发票和普通发票管理监控体系。增加普通发票的防伪功能，加强代开发票管理，继续推广机打发票，开展网络发票试点，通过制度安排强化发票管理的薄弱环节。切实加强增值税发票管理。以打击虚假发票“买方市场”为重点，突出抓好药品、医疗器械以及金融、保险等行业发票检查工作，进一步打击发票违法犯罪活动。

（五）优化纳税服务，切实提升纳税人满意度

牢固树立征纳双方法律地位平等的理念，按照全员全程全方位服务的工作要求，创新平台，完善机制，全面提高纳税服务水平。推进纳税服务平台建设。集中打造12366纳税服务品牌，开通短信息服务功能，建设全省统一的纳税服务网，逐步实现“12366热线、短信息、网站”一体化运行模式。推进纳税人之家征纳沟通互动平台建设，促进征纳双方交流。积极探索开发网银支付方式、网络发票开具、手机WAP服务。在拓展实体办税服务厅功能的同时，逐步推动办税业务向网上转移。强化宣传咨询服务。加强纳税服务整体协调与配合，建立由业务部门发起、服务部门推送的政策送达渠道，服务部门受理、业务部门解答的咨询支持机制，提高税法宣传时效，实现宣传咨询的常态化。借助税收宣传月活动，推出精品税法宣传项目。开展个性化税收宣传咨询服务，强化对大企业一对一宣传辅导，帮助其准确掌握税收政策。减轻纳税人负担。减少纸质资料报送次数，凡是没有规定或通过数据库可以提取的数据资料，一律不得要求纳税人报送，对税法规定必须报送的纸质资料原则上一年报送一次，并实行“一户式”储存。积极推广一窗通办、同城通办、免填单服务和电子申报缴税方式。逐步推进国、地税联合办税内容和范围。保护纳税人合法权益。拓宽信息采集渠道，科学分析内容，积极响应纳税人合理需求。加强纳税服务投诉管理，妥善解决各类涉税纠纷，对一般投诉力求当场协调、快速处理。完善纳税信用等级评定管理，进一步优化操作程序、评定指标和激励惩戒措施，探索建立纳税信用评价规则、信用记录公开查询和社会共享制度。

（六）构建税源专业化管理体系，稳步推进税收征管改革

以风险管理为导向，以全面实施税源专业化管理为重点，以统一分析、分类应对为模式，加强分析监控，强化风险应对，稳步推进税收征管改革。全面实施税源专业化管理。制定全省的税收征管改革试点指导意见，确定省局征管改革试点单位，开展征管改革试点工作。在现有组织框架下，转变管理职能，优化资源配置，基本形成全省税源专业化管理

格局，为税收征管改革奠定基础。建立省市两级风险分析监控体制。完成省市两级风险分析监控中心的组建工作，明确风险分析监控工作的组织领导、工作职责和工作流程，建立职责清晰、运转顺畅的风险分析监控运行机制，实现风险分析监控工作的统一领导、统一分析、统一推送和统一评价。围绕税源管理重点和难点，突出抓好各类风险分析和纳税评估，提升工作质量和效率。完善纳税评估管理办法，规范纳税评估工作程序。建立省市两级大企业税收管理体制。根据税务总局统一部署，完善大企业税收管理体制、机制和业务体系，合理确定大企业范围。建立和完善企业涉税诉求快速响应机制，提高大企业个性化服务水平。探索建立大企业税收风险管理策略，实施差异化和递进式风险管理。完善稽查管理体制。坚持税务稽查改革方向，积极稳妥推行“市级一级稽查”，完善和落实“全市稽查一体化”工作模式，充实稽查力量。科学界定稽查和日常管理、纳税评估的业务边界，提高稽查工作质量。

（七）加强信息化建设和管理，发挥科技引领和保障作用

推行金税三期建设，深化信息管税，规范软件开发，加强日常管理，实现技术与业务的有机融合，充分发挥科技引领和保障作用。抓好金税三期推广。我省是税务总局确定的金税三期工程第二批试点单位，今年全省将正式上线运行。这项工作涉及面广、工作量大，既需要省局统筹规划、统一调度，又需要各级精心组织、狠抓落实。要制订工作实施方案，明确工作内容和职责，抓好业务与技术培训、系统环境准备等相关工作，确保金税三期工程按时上线运行。大力实施信息管税。加强数据质量管理，规范纳税人财务报表信息报送。落实工商税务信息共享机制，力争在股权转让信息利用方面取得新进展。以税源专业化管理为核心，以保障风险分析监控需求为重点，拓宽涉税信息获取渠道，努力获取第三方涉税信息。建立全省集中的数据仓库，定期向下推送数据，实现信息分级使用。完善风险分析指标体系、行业纳税评估模型，不断提升信息管税应用水平。规范信息系统开发。落实信息化建设和应用“一体化”要求，以省局为主体，大力整合软件、硬件和数据资源，规范信息系统立项、软件开发和应用等工作，集约资源，提高效率。统一建设覆盖省市县三级的高清视频会议系统，做好稽查软件推广工作，提高支撑和保障能力。加强信息化日常管理。开通绿色运维通道，开展系统健康检查。强化网络和系统监控预警，完善信息安全应急响应机制，推进信息化基础建设。

（八）坚持以人为本，进一步激发队伍活力

围绕抓班子、激活力、强素质，改进干部管理方式，不断提高班子和队伍建设水平。加强领导班子建设。结合党的十八大精神学习贯彻活动，继续推进学习型党组织建设，促进干部思想作风转变。加强对各市局领导班子和领导干部的综合考核及教育培训考核，扎实开展巡视工作，加大督促整改力度。完善干部选拔任用机制，规范全系统干部选拔任用，推动干部晋升工作的常态化、规范化，不断优化班子结构。强化干部纪律约束管理。要加强法纪和职业道德教育，解决部分干部爱岗不敬业的问题；要加强纪律约束、严格管理，及时了解和掌握干部队伍的思想、工作、作风状况，发现问题要及时批评教育、督促整改，避免干部管理失之于宽、失之于软。积极探索干部考核激励机制，激发干部队伍活力。改进干部教育培训。根据基层培训需求，有针对性地制定培训计划，建立培训成果与岗位调整、选拔任用相结合的挂钩机制。以建立省、市局人才库为契机，加强高素质专业化人才的培养选拔工作，激发干部学习积极性。推进税务文化建设。适时召开国税文化推进会，更加全面深入地把国税文化建设有机融入到各项国税工作之中。注重文化建设载体的实效性，让国税文化入脑、入心，坚决克服形式主义。加强和改进党建、思想政治工作。认真学习贯彻新修改的党章，自觉做到遵守党章、维护党章。落实中组部《关于加强行业系统基层党建工作的意见》，做好系统党建的指导和协调工作，激发基层党组织和党员队伍的活力。认真做好离退休干部工作。充分发挥工、青、妇群团组织作用，组织开展各项文体活动。培养先进典型，注重榜样引领。深入开展创先争优，选树一批具有时代特征、体现行业特点、群众普遍认可的先进典型，引导广大税务干部选标杆、找差距、明方向、创业绩，营造学习先进、崇尚先进、争当先进的浓厚氛围。

（九）落实党风廉政建设责任，大力推进反腐倡廉

坚持反腐倡廉工作方针，加大教育、制度、监督、改革、纠风、惩治工作力度，为国税事业发展提供坚强保障。严格落实党风廉政建设责任制。突出关键环节，加强检查监督，狠抓责任分解、责任考核、责任追究，推动责任落实。各级领导干部一定要自觉履行“一岗双责”。推进惩防体系建设。抓好制度创新，完善反腐倡廉制度，提高制度执行力，增强制度实效性。结合税收改革，深化内控机制建设，进一步推进内控机制信息化。推进政风行风建设。坚持与优化服务、规范执法相结合，进一步深化政务公开，积极参与政风行风评议活动，重视网络评议。积极开展纠风专项治理，有效解决纳税人反映强烈的问题。强化廉政教育。落实反腐倡廉宣传教育制度，进一步深入学习《税收违法违纪行为处分规定》，举行处分规定相关知识专项考试。推进“六个一”工程建设，加强廉政文化示范点及廉政教育基地建设，保证廉政教育经常化。加大案件查办力度。完善信访举报、网络举报受理机制，严肃查办滥用职权、贪污贿赂、腐化堕落、失职渎职案件。健全案件查办协调机制，完善预防职务犯罪联席会议制度，有效整合办案力量，形成办案合力。

四、振奋精神，求真务实，切实改进工作作风

近日，中央印发了改进工作作风、密切联系群众的八项规定及实施细则，对进一步加强作风建设提出新要求。国家税务总局党组和省委、省政府提出了贯彻落实的具体办法，省局党组正在制定改进作风的实施意见。各级国税机关要认真学习贯彻中央精神，充分认识改进工作作风、密切联系群众的极端重要性和紧迫性，切实把加强作风建设摆在更加突出的位置，切实促进全系统工作作风的进一步好转，提高为国聚财、为民收税的自觉性、坚定性，实现好、维护好、发展好最广大人民群众的根本利益。

一要强化责任。习近平总书记多次强调树立责任意识，要求全党同志牢记责任，不负重托，不辱使命。强烈的责任意识，是干事创业的基本要求，也是良好政治素质的重要体现。在其位谋其政，担负领导职务，就要为党和人民做事，为税收事业发展尽力。全省国税系统各级领导干部，一定要牢记使命，增强事业心、责任感，忠于职守，勤勉尽责，以良好的精神状态和饱满的工作热情投入国税工作；要敢于面对矛盾，敢于突破常规，敢于攻坚克难，分析新情况，提出新思路，不断提高国税工作水平。

二要率先垂范。各级领导干部要从严明政治纪律的高度，以身作则，从我做起，增强主动性和自觉性，在践行为民服务宗旨、改进工作作风、加强廉洁自律上带好头、做表率。领导干部要带头改进工作作风，带头深入基层调查研究，带头密切联系群众，带头解决实际问题。各级领导干部要树立正确的权力观和政绩观，坚决反对形式主义、官僚主义，牢固树立忧患意识，把改进作风作为高度的自觉和行为习惯。省、市局机关要为基层单位做出榜样，领导干部要为干部群众做出榜样。

三要求真务实。政贵在行，事成于实。各级国税机关和广大国税干部，要牢记空谈误国、实干兴邦，大力弘扬求真务实之风，提倡说实话、干实事、求实效。确定下来的事情，就要心无旁骛，雷厉风行，确保落实。部署的工作，要督促检查，一抓到底。要对照全年各项工作目标去检查，制定具体的规划和时间表，提出完成各项工作任务的举措和办法，明确责任单位和责任人。要深入基层开展调查研究，切实解决制约基层工作的热点难点问题。要加强协调配合，提高工作效率，坚决防止推诿扯皮、工作拖沓等现象。要更加注重提高基层的执行力、落实力，以良好的作风和健全的机制去推动执行、促进落实。

四要严明纪律。树立纪律面前人人平等、纪律面前没有特权、纪律约束没有例外的意识，自觉遵守中央“八项规定”，坚决从严自律，切实做到要求更严、标准更高、做得更好。要切实负起责任，敢抓敢管，看好自己的门，管好自己的人，对干部坚持严格教育、严格管理、严格监督，切实维护“八项规定”的严肃性和权威性。对有令不行、有禁不止、随意变通、恶意规避的违纪违法行为，要加大查处力度，发现一起，查处一起，决不姑息迁就；对工作敷衍塞责、弄虚作假、欺上瞒下，甚至搞“上有政策、下有对策”，以及群众反映强烈、造成恶劣影响的，要严肃追究有关领导特别是主要领导的责任。

同志们，今年的税收工作任务光荣而艰巨。让我们以党的十八大精神为指导，深入贯彻落实科学发展观，更好地发挥税收职能作用，服务于党和国家工作大局，为建设山西美好明天作出新的更大的贡献！

在全省国税系统党风廉政建设工作会议上的讲话

王学东

（2013年3月12日）

同志们：

刚才，志坚同志代表省局党组作了工作报告，我完全同意。下面，我讲几点意见。

一、高度重视

党的十八大对全面提高党的建设科学化水平提出了明确要求，强调坚持党要管党、从严治党，建设廉洁政治，要求做到干部清正、政府清廉、政治清明。在中纪委十八届二次全会上，习近平总书记结合党的十八大提出的战略任务和宏伟目标，深刻阐述了加强党的建设、深入开展反腐败斗争的重大意义和极端重要性，突出强调要解决好党纪、党风和反腐倡廉问题，对新形势下党风廉政建设提出了新要求，得到了广大人民群众的拥护和支持。十八大以来，中央、国家税务总局、省委省政府对党风廉政建设和反腐败斗争都做出了新的部署，国税部门作为国家税收执法部门，承担着为国聚财、为民收税的神圣使命，必须从全局和战略高度，增强贯彻落实十八大精神的自觉性。

近年来全省国税系统坚持认真抓好党风廉政建设各项工作，加强廉政教育和税务廉政文化建设；积极探索建立内控机制，不断完善惩防体系建设；全面贯彻落实党风廉政建设责任制；大力推进政风行风建设，扎实开展各类专项治理；严肃查办违纪案件，切实解决群众和纳税人反映的突出问题，以反腐倡廉的新成效保证了各项工作的顺利开展。

但我们也必须清醒地看到，一方面，随着经济社会的发展，税收法治化进程的进一步推进，税收工作服务经济社会发展的责任更加重大；推进税收改革、优化纳税服务、强化税收征管的各项任务更加艰巨；纳税人维权期望和全社会对税收工作的关注度越来越高，相关部门和社会对税收工作的监督越来越强，迫切需要造就一支政治坚定、业务精湛、作风优良、勤政廉洁的高素质专业化税务干部队伍，为做好各项税收工作提供有力支持。另一方面，税收征管、行政管理、干部队伍建设等方面的体制机制还不够健全，内部权力监督还不够到位，潜在的税收执法与管理风险仍然很大，国税部门反腐倡廉工作任务仍然相当艰巨。各级国税机关一定要树立忧患意识、风险意识和责任意识，增强新形势下党风廉政建设和反腐败工作重要性、艰巨性的认识，按照新形势、新任务对国税系统党风廉政建设的要求，切实加强纪律建设、作风建设和惩防体系建设，认真落实党风廉政建设责任制，推动党风廉政建设和反腐败工作取得新成效。

二、抓住重点

要认真贯彻落实全国税务系统党风廉政建设工作会议和省纪委十届三次全会精神，切实做好全省国税系统党风廉政建设重点工作：

一要严明纪律。严明的纪律是党的政治优势，也是发挥税收职能作用，做好各项国税工作的保障。全省各级国税机关要切实负起责任，教育、引导、监督干部职工牢固树立纪律观念，自觉执行党纪政纪。各级国税机关党组和党员干部要自觉与党中央保持一致，绝不允许公开发表同中央决定相违背的言论，绝不允许上有政策、下有对策，绝不允许有令不行、有禁不止，绝不允许在贯彻中央决策部署上打折扣、做选择、搞变通。各级国税机关要坚持依法征税，应收尽收，坚决不收过头税，坚决防止和制止越权减免税，坚决落实各项税收优惠政策。各级领导班子要坚持民主集中制原则，认真遵守重大事项决策的规定和程序。严格遵守组织人事纪律，要按照规定的职数、级别和程序选拔任用干部。严格机构设置、编制管理、职级待遇、工资福利等干部管理的各项制度。严格执行基本建设项目管理、政府采购、专项经费使用、津贴补贴发放等规定。严格执行税务系统领导班子和领导干部监督管理办法、领导干部巡视、民主生活会制度、个人有关事项报告制度和述职述廉制度，以及《税收违法违纪行为处分规定》。各级税务机关领导班子要模范执行和维护各项纪律，同时要切实加强对党员和干部遵守纪律的教育，引导干部职工自觉遵纪守法。各级税务机关纪检监察部门，要把维护各项纪律放在监督检查的首位，加强对纪律执行情况的监督检查和追究问责。

二要改进作风。中央八项规定颁布以后，社会各界和人民群众对改进作风寄予更高期待。国家税务总局党组、省委省政府相继做出了一系列改进作风的规定和举措，省局党组制定了《关于改进工作作风的实施意见》，并且就统筹省局相关工作安排和检查评估等工作做出具体部署，以减轻基层国税机关和纳税人工作负担，下一步要认真抓好落实。各级国税机关和领导干部一定要提高认识，千万不要认为八项规定是一阵风，风头过后，一切照旧，要坚决克服松懈情绪和麻痹思想，一抓到底，务求实效。领导干部特别是一把手要率先垂范，带头遵守，从自身做起，勤俭务实，清正廉洁，以优良的作风引导风尚，教育干部。要把改进作风的着眼点放在密切联系群众，提高工作效率，树立国税部门良好形象上来。要进一步加强调查研究，听取纳税人和基层税务干部的意见建议。要反对铺张浪费，坚持勤俭节约办事情，把有限的资金用在提高税收管理能力、改善基层条件上来。要严格控制“三公经费”开支，坚决制止公款大吃大喝，坚决反对讲排场比阔气，坚决抵制享乐主义和奢靡之风。要把改进作风与完善制度结合起来，进一步完善纳税服务和税收征管相关制度，从方便纳税人和基层税务机关的角度，简化办税流程，提高工作质量和效率；完善内部行政管理制度和财务管理办法，提高风险防控能力，切实堵塞漏洞；进一步完善工作考核制度，整合各类考核办法，切实减轻基层负担。要加强干部队伍建设，坚持为民、务实、清廉，重点解决为税不廉、工作拖沓、作风不实等问题。要落实《税收违法违纪行为处分决定》，规范税收执法行为。要持续坚持和巩固作风建设成果，把改进作风作为一项经常性的工作，建立整风肃纪的长效机制。

三要强化监督。在进一步完善制度的基础上，抓好制度的落实，加大监督力度，是防范违法违纪行为的重要措施。要明确监督的重点，要加强对领导班子和领导干部，尤其是一把手的监督和管理；要规范税收执法权，开展对涉税审批、评估稽查、发票管理等重点环节的执法检查和督察，进一步约束自由裁量权；要强化行政管理权的制约，增强干部选拔、财务和基建、政府采购等事项的透明度。要完善监督办法，逐步建立健全执法监督体系，形成横向相互制约、层级有效监督的完善的制度机制；监察、内审、法规、巡视等有关部门和环节，要明确职责，形成合力，提高监督效能；要加快内控机制信息化建设和推进步伐，借金税工程三期上线的有利契机，整合有关管理和考核系统，使内控系统与日常管理、目标考核等系统有机结合，协调运行。

四要惩防并举。实践证明，腐败案件的发生与制度不健全以及权力运行的监督制约不力有着直接关系。全省国税系统要积极完善惩治和预防腐败制度体系，努力形成用制度管权、按制度办事、靠制度管人的机制。全省惩防体系第一个五年工作规划已经实施完毕，今年开始新的五年工作规划即将启动，全省国税系统要认真总结经验，积极探索创新，把惩防体系建设继续向前推进。要认真抓好廉政建设任务的规划和落实，各级领导班子要带头抓好党风廉政建设和反腐败工作，加强对干部的思想教育和监督管理。要把廉政教育放在重要位置，深入开展理想信念教育、宗旨教育、廉政法规教育和廉政文化教育，引导国税干部树立正确的世界观、人生观和价值观，进一步坚定理想信念。同时要加大查办案件力度，既坚决查处领导干部违纪违法案件，又切实解决纳税人反映的突出问题。严肃查办在贯彻落实中央八项规定过程中，顶风违纪、影响恶劣的案件，严肃查处国税机关和国税人员滥用职权和损害纳税人合法权益的案件，严肃查办税收管理重点领域和关键环节的腐败案件，严肃查办在政府采购、资产管理和处置过程中的腐败行为以及与中介机构勾结收受贿赂、损公肥私的案件。对那些压案不查、瞒案不报的，要严肃追究领导责任。要通过内部监督、来信来访等方法和手段，注意苗头性和倾向性问题；通过谈话、函询、核查等途径，及时提醒告诫，防微杜渐。要加强与纪检、公检法等部门的沟通协调，建立完善联席会议制度，有效地预防职务犯罪。

三、加强领导

党风廉政建设和反腐败工作是事关全局的长期任务。全省各级国税机关要进一步完善党风廉政建设领导体制和工作机制，把反腐倡廉建设摆在更加突出的位置，始终抓紧抓好，抓出成效。

一要完善齐抓共管的领导体制。各级党组要切实担负起全面领导党风廉政建设和反腐败工作的政治责任，把反腐倡廉建设与各项税收工作一起部署、一起落实、一起检查、一起考核。一把手要担负起“第一责任人”的职责，管好班子、带好队伍。分管领导要坚持业务工作和党风廉政建设工作一起抓，自觉履行“一岗双责”。职能部门要按照反腐倡廉建设的职责分工，遵循“谁主管、谁负责”的原则，认真做好职责范围内党风廉政建设工作，形成一级抓一级、层层抓落实的工作局面。要充分发挥党风廉政建设领导小组的作用，定期听取反腐倡廉工作汇报，抓好工作的组织实施和督促检查，及时协调解决执行落实中发现的问题。要建立健全权责明确、协调有力、运转高效的落实机制，认真对照上级工作部署，找准薄弱环节，加大落实力度，确保各项任务按期高质量完成。

二要全面落实党风廉政建设责任制。党风廉政建设责任制是深入推进反腐倡廉建设的一项基础性制度。要以贯彻落实党风廉政建设责任制为抓手，强化责任和制度落实，加强对领导班子和领导干部的监督，促进领导干部廉洁自律。要紧紧围绕责任分解、责任考核、责任追究等关键环节，把党风廉政建设和反腐败工作任务细化分解、层层落实。把责任制与问责制结合起来，让责任制落到实处，是中纪委十八届二次全会强调的重点之一。这次会上，省局党组要与各市局主要负责同志签订《党风廉政建设工作目标责任书》，省局分管领导会后要与省局机关各处室主要负责人签订《党风廉政建设工作目标责任书》。这不仅是一种形式，更是一份承诺和责任。对党风廉政建设的重要工作、重大问题、重点环节、重要案件，一定要加强管理、认真解决。对不负责任、不抓不管导致发生重大违纪违法问题的，要严肃追究责任。

三要加强纪检监察队伍建设。纪检监察部门在党风廉政建设和反腐败工作中担负着重要职责。近年来，全省国税系统各级纪检监察干部以严明的纪律、过硬的素质、优良的作风和奋发有为的精神状态，为反腐倡廉建设作出了积极贡献。各级国税机关党组要切实加强对纪检监察工作的领导，配齐、配强、配好纪检监察干部队伍，关心爱护纪检监察干部，教育好、培养好、使用好纪检监察干部，为他们把方向、定任务、提要求、解难题，做好坚强后盾，保证纪检监察部门充分履行工作职责。纪检监察部门要加强自身建设，严格教育、严格管理、严格监督。纪检监察干部要严格要求自己，坚定信念，敢于碰硬，勇于担当，坚决同各种消极腐败现象作斗争，自觉维护纪检监察部门的良好形象。

做好党风廉政建设和反腐败工作，事关全省国税改革发展大局，任务艰巨、责任重大。我们一定要坚定信心，牢记使命，改革创新，真抓实干，不断取得反腐倡廉工作新成效，推动全省国税事业科学发展！

扎实推进教育实践活动
倾力建设为民务实清廉的国税机关

——在省局党的群众路线教育实践活动动员大会上的讲话

王学东

（2013年7月22日）

同志们：

按照中央统一部署，以为民务实清廉为主要内容的党的群众路线教育实践活动，在全国已正式启动。根据税务总局安排，各省国税局机关与税务总局一起参加第一批教育实践活动，省级以下国税机关参加第二批教育实践活动。今天我们召开机关全体党员大会，对省局机关开展教育实践活动进行动员部署。为指导活动的开展，国家税务总局党的群众路线教育实践活动领导小组向各省国税局派出了督导组，以王月仙同志为组长的第四督导组负责我省督导工作，一会儿王月仙同志将作重要讲话，我们一定要认真学习领会，严格按照中央和税务总局党组的要求，在税务总局督导组的指导下，精心组织、周密安排，高标准高质量地推进教育实践活动。下面，我代表省局党组讲四点意见：

一、统一思想，深刻领会开展教育实践活动对于做好税收工作的重大意义

深入开展党的群众路线教育实践活动，是党的十八大作出的重大决策部署，是党在新形势下坚持党要管党、从严治党的重大举措。在中央召开的党的群众路线教育实践活动工作会议上，习近平总书记站在我们党90多年光辉历史和实现中华民族伟大复兴中国梦的高度，指出开展党的群众路线教育实践活动，是实现党的十八大确定的奋斗目标的必然要求，是保持党的先进性和纯洁性、巩固党的执政基础和执政地位的必然要求，是解决群众反应强烈的突出问题的必然要求。全省国税系统一定要认真学习，提高认识，切实把思想和行动统一到习近平总书记重要讲话精神上来，统一到中央决策部署上来。

（一）深刻认识教育实践活动对税收工作服务好经济社会发展大局的战略意义。党的群众路线是党的生命线。长期以来，我们党始终坚持群众路线，依靠人民群众战胜了各种困难风险、不断取得事业成功。面向未来，我们站在关键的历史节点、全新的发展起点。“两个100年”的奋斗目标前景可期，民族复兴的中国梦曙光在前。实现这样的目标前景，关键取决于党、取决于我们党的力量，而力量来自于植根群众、联系群众，来自于优良传统、优良作风。但我们要清醒地看到，随着世情国情党情的深刻变化，党群干群关系面临着新的严峻考验，精神懈怠危险、能力不足危险、脱离群众危险、消极腐败危险更加尖锐地摆在全党面前，党内脱离群众的现象大量存在，集中表现在形式主义、官僚主义、享乐主义和奢靡之风这“四风”上。重视党内风气和发扬整风精神，是我们党在长期实践中积累下的宝贵经验。开展党的群众路线教育实践活动，就是要对作风之弊、行为之垢来一次大排查、大检修、大扫除，净化党的肌体、净化党的队伍，充分发挥党密切联系群众的独特优势，为实现中国梦凝聚强大的中国力量。税收工作是党和国家工作的重要组成部分。当前我国正处在经济转型、产业升级、结构调整的关键时期，如何使税收工作更加有力有效地服务大局，是税务部门面临的迫切任务。全省各级国税机关和党员干部要以强烈的责任感使命感投身教育实践活动，自觉贯彻群众路线、改进工作作风，进一步增强凝聚力和战斗力，使税收工作更好地为经济社会发展大局服务。

（二）深刻认识教育实践活动对税收事业发展的深远意义。税务总局王军局长强调，在税务系统开展教育实践活动，是我们更好地服务广大纳税人、服务基层、服务经济社会发展大局的“迫切需要”。这三个“迫切需要”，有着内在的联系，阐明了在全国税务系统开展教育实践活动对税收事业发展的深远意义。服务纳税人、促进征纳和谐的迫切需要，就是把纳税人作为税收之“源”，不断提高纳税人满意度，促进纳税人提高税法遵从度，为国家税收稳定增长夯实雄厚的源泉基础；服务基层、固本强基的迫切需要，就是把基层作为税收之“本”，确立夯实基层、强化基础的导向，重视、关心、爱护基层干部，为他们干事创业搭建平台、工作生活排忧解难、成长进步创造条件，有力夯实税收事业基层基础；服务大局、实现中国梦的迫切需要，就是把融入中心作为税收之“责”，发挥好筹集财政收入和调控经济、调节分配的职能作用，书写好实现中国梦的税收篇章。实现这三个层面的服务，需要税务系统上下真诚付出、不懈奋斗，需要各级领导干部带领广大干部职工团结一心、埋头苦干，需要征纳双方相互支持、相互配合。各级国税机关和党员干部要始终牢记税收取之于民、用之于民、造福于民，从纳税人和基层同志身上汲取智慧、获取力量，养成更加扎实的工作作风，锻炼更加优秀的服务本领，为税收事业发展积聚更多正能量。

（三）深刻认识教育实践活动对做好当前税收工作的现实意义。当前，全省国税事业进入新的发展阶段，复杂严峻的经济税收形势对税收工作提出新挑战，转变职能、改进作风对税收工作提出新要求，我们在组织收入、依法行政、纳税服务、征管改革、队伍建设等方面承担着更加艰巨而繁重的任务，需要有坚定的信念、严明的纪律和良好的作风来支撑，需要凝聚起 12000 名税务干部的集体力量。从我省实际看，广大党员干部的作风总体是好的，但也存在一些不容忽视的问题，“四风”和一些不良倾向在部分党员干部中仍不同程度存在，如任其发展蔓延，将严重损害税收事业、影响国税部门形象。各级国税机关和党员干部一定要以这次教育实践活动为契机，凝聚作风力量，完善制度机制，以作风建设新成果创造税收工作新业绩。

二、准确把握目标要求，确保教育实践活动取得实效

《中共中央关于在全党深入开展党的群众路线教育实践活动的意见》和习近平总书记等中央领导同志的重要讲话，明确了这次教育实践活动的指导思想、目标要求、方法步骤和重点举措，为开展教育实践活动指明了方向。要确保教育实践活动取得令人满意的实效，必须学习好、领会好、贯彻好、落实好中央精神。我们要着重把握好以下五个方面：

一是把握精神实质，将活动总要求贯彻始终。习近平总书记全面阐述了“照镜子、正衣冠、洗洗澡、治治病”的深刻内涵，强调这 4 句话是解决作风方面存在突出问题的总要求。贯彻总要求，关键是把握精神实质，以整风精神开展教育实践活动。“照镜子、正衣冠、洗洗澡、治治病”就是要摆问题、找差距、明方向，就是要抛开面子、动真碰硬、触动灵魂，就是要自我净化、自我完善、自我革新、自我提高。具体落实到我们省局机关，“照镜子”就是以党章为镜、以中央八项规定为镜，以群众意见为镜，查找缺点不足，规范自己，提升自己；“正衣冠”就是要整顿税容税貌、严明税风税纪，做到为民务实清廉；“洗洗澡”就是以整风精神激浊扬清，对税收执法、纳税服务、内部管理、队伍建设等方面存在的弊端，进行彻底清除，使党风、政风、税风焕然一新；“治治病”就是对症下药，清除税收工作和党员干部身上的病根，以新的精气神促发展、抓落实。核心是要切实查找和解决自身的问题，密切党群干群关系。

二是聚焦作风建设，坚决反对“四风”。习近平总书记强调，教育实践活动必须设定一个合适的目标，抓住反对形式主义、反对官僚主义、反对享乐主义、反对奢靡之风这个要害，努力在解决作风不实、不正和行为不廉上取得实效。我们要充分认识到，“四风”是严重影响党群干群关系的大问题，抓住了反对“四风”，就抓住了干部群众的关注点，就抓住了活动的着力点。我们要清醒地看到，“四风”问题在全系统和省局机关都不同程度的有所表现。7月上、中旬，省局领导下基层集中开展了教育实践活动调研，认真听取基层对省局领导班子和省局机关的意见和建议，开展了问卷调查，同时在省局召开了部分县区局长和省局机关部分干部座谈会，大家对“四风”问题提出了实打实的意见。我们一定要高度重视干部群众的意见，认真梳理问题，深刻剖析根源，拿出可行的办法，实现作风明显改进。

三是贯彻整风精神，开展批评和自我批评。中央反复强调，这次活动要贯彻整风精神。我们要拿起批评和自我批评这个有力武器，开展积极健康的思想斗争，敢于揭短亮丑。按照严肃认真、实事求是、民主团结的总要求，认真召开专题民主生活会，动真的、来实的，红红脸、出出汗。要做好思想动员，打消党员干部的顾虑，引导党员干部既深刻剖析和检查自己，真正触及问题、挖到思想深处，防止避重就轻；又诚恳开展相互批评，敢于指出问题、真诚帮助大家提高，防止好人主义。要通过开展批评与自我批评，进一步激发广大党员干部和群众关心部门形象、关心税收事业的责任感，引导干部群众履行监督责任，多提意见建议，真正达到“团结—批评—团结”的目的，切实密切干群关系，提高税收工作水平。

四是坚持领导带头，真正做好表率。抓改进作风，中央政治局从自身抓起，从自身改起，出台了八项规定，以身作则，为全党作出了表率。在省局机关教育实践活动中，党组及每位成员要带起头来，组织好、推进好、监督好活动，要带头学习，带头听取意见，带头谈心，带头查摆问题，带头以整风精神开展批评与自我批评，带头整改。处级以上领导干部都要主动参与活动，把自己“摆进去”，充分发挥表率作用。在此我代表省局党组表个态，一定用严格的尺子衡量自己，认真对照、检查、改进、提高自己，请大家对我们进行监督。

五是重视制度建设，形成长效机制。中央明确指出，开展教育实践活动，既要立足当前、切实解决群众反映强烈的突出问题，又要着眼长远，建立健全为民务实清廉的长效机制。要保证党的群众路线不走样、不走调，关键是加强制度建设，形成完善有效的长效机制，做到标本兼治。从活动一开始，省局机关就要结合税收工作实际，深刻分析和把握作风建设中存在的普遍性问题、规律性特点，围绕党员干部直接联系群众、干部作风状况考核评价、服务纳税人和服务基层等方面，抓好相关制度的制定、修改、完善工作。制定新的制度、完善已有制度，必须经常抓、长期抓，善始善终、善做善成。要强化制度执行力，严明制度、严格执行、严密监督，让教育实践活动取得实效、获得长效。

三、抓好重点环节，增强教育实践活动的针对性

按照中央要求和税务总局的安排，省局机关教育实践活动大体需半年时间，集中教育时间不少于三个月。从今天开始，集中教育活动至10月下旬基本结束，整个活动分为学习教育、听取意见，查摆问题、开展批评，整改落实、建章立制三个环节。这三个环节是相互联系、相互促进的有机整体。我们要严格落实教育实践活动方法步骤，扎实推进每个环节工作，坚持边学边改、边查边改、边整边改。

一是抓好学习教育、听取意见这一基础环节。这次会议标志着省局机关教育实践活动正式启动，各支部、各单位要搞好思想发动，制定具体的落实计划，经分管局领导审阅后，报省局领导小组审批。要坚持把思想理论武装摆在第一位，认真组织学习党的十八大精神、习近平总书记一系列重要讲话精神，认真学习中国特色社会主义理论体系、党的优良传统和《中国共产党党史》等三本必读书目，使广大党员干部普遍接受一次马克思主义群众观点和群众路线教育。要丰富学习教育方式，从实际出发安排学习教育，党组要带头学习，采取党组会、中心组学习、报告会等方式，先学一步、学深一步；扎实开展“八个一”活动，通过组织领导干部讲党课、专题讨论、先进事迹巡讲等方式，增强学习教育效果。群众路线教育实践活动，不能没有群众参与。必须高度重视“听取意见”环节，坚持开门搞活动，聚焦反对“四风”，广泛听取基层税务干部、纳税人的意见。领导干部一定要以好的作风听取意见，以真诚的态度召开座谈会、面对面谈心谈话，让广大干部群众看到我们敢于正视并解决问题的决心，看到我们拜群众为师、向群众求教的坦诚，让群众说真心话。

二是抓好查摆问题、开展批评这一关键环节。查摆问题要突出为民务实清廉的要求，查摆“四风”方面的突出问题，既要实事求是、查找差距，更要举一反三，找到思想深处的问题。自我剖析要挖根源、触灵魂，找准问题，剖析原因。对照检查要敢碰硬、敢交锋，用好批评和自我批评这个武器，开好民主生活会，达到“洗澡”“治病”的目的。在这一环节，每位领导干部都要紧扣主题、自己动手撰写对照检查材料；党组和支部要精心制定专题民主生活会、专题组织生活会的方案，经审核把关后认真实施，并严格组织每个党员参加。

三是抓好整改落实、建章立制这一根本环节。要认真制定整改方案，明确整改任务书、时间表，实行主要领导负责制，逐项落实整改，并向群众公示。省局的《整改方案》由税务总局督导组审核把关；机关各支部、各单位的《整改方案》经分管局领导审阅后，由省局领导小组审批。要强化正风肃纪，对省局机关“四风”问题突出、整改不力的处室、单位进行整顿；对存在一般性作风问题的干部，立足于教育引导，促其改进；对群众意见大、不能认真查摆问题、没有明显改进的干部，要进行组织调整；对发现的重大违纪违法问题，依纪依法严肃查处。要加强制度建设，坚决纠正有令不行、有禁不止、无视制度的问题，确保制度建设抓根本、管长远。要严格考核验收，活动后期由省局领导小组对各支部、各单位活动开展情况进行全面验收和测评，对任务是否落实、整改是否到位、制度是否健全、教育实践活动是否达到预期目的进行重点检查。

以上这三个环节是这次教育实践活动的规定动作，我们要按照“路线图”严格执行、紧密衔接，坚决不走过场，同时要牢牢把握自身职责定位，紧密结合省局机关和全系统的工作实际，切实通过教育实践活动使税收工作更好地贯彻群众路线。主要是做到“四个结合”：

第一，要与解决突出问题、提高群众满意度相结合。省局机关开展教育实践活动要抓住关键，把查找、剖析、解决基层和纳税人反映的突出问题作为出发点、落脚点。要在前一阶段调查研究的基础上，继续采取座谈会、调查问卷、上门走访等有效方式，广泛听取广大纳税人和干部职工的意见，为对照检查、开展批评、解决问题打好基础。要直面问题，针对纳税人反映强烈的办税效率不高、服务质量不好等涉税问题，针对省局机关作风不实、不正等问题，制定措施，及时改进，特别是涉及基层干部群众切身利益的问题，要在政策允许的范围内、最大程度地推动解决；对政策不允许、一时难以解决的，要认真解释说明。

第二，要与改进机关作风、加强自身建设相结合。省局机关和处级以上领导干部的作风，关乎系统全局，影响政风行风。我们必须自觉发扬整风精神，以更高标准、更严要求来抓好机关作风和领导作风。要学习践行“两个务必”，始终做到谦虚谨慎、艰苦奋斗、实事求是、一心为民。从精简会议、改进会风做起，腾出更多的时间和精力扎根基层、深入群众。要在加强调查研究、提高决策水平上下功夫，密切联系群众、了解实际情况，破解管理难题、增强驾驭全局能力。找准本职工作在全局中的位置，树立一盘棋思想，既要善于观大势、谋大事，又要做好本职工作、具体工作。要严格管理、强化纪律执行，绝不允许上有政策、下有对策。要改进工作方式，加强政务公开，扩大干部职工对重大决策、机关事务的参与和监督，激发内在活力。

第三，要与转变职能、提高服务水平相结合。要紧紧围绕建设服务型政府的目标，以服务纳税人和服务基层为重点，创新和改进税收管理方式，不断提升工作质效。在服务纳税人方面，要在纳税人自主履行法定权利和义务的基础上，突出简化行政审批和审核这个抓手，能取消的坚决取消，能下放的坚决下放。对保留的项目，要改进审批审核方式，原则上一律前置到办税服务厅办理，并扩大网络受理和审批，提高审批效率。进一步重视纳税人权益保护工作，重点推进解决制度性侵权问题，大力整治假公济私、故意刁难、吃拿卡要报等问题，通过维权渠道依法解决涉税纠纷。在服务基层方面，要进一步简政放权，推进管理方式变革，加强沟通协调，提高整体执行力；进一步减轻基层工作负担，统筹安排日常工作事项，清理和规范各种考核、评比、报表资料统计报送和相关检查活动，避免多头安排、重复检查。

第四，要与破解难题、推动税收重点工作相结合。在教育实践活动中，要积极推进税收重点工作，解决好工作中存在的关键性问题和工作难题。要进一步提高税收执法水平和执法质量，规范运行税收执法权和行政管理权。要逐步解决好依法科学组织税收收入问题，促进财政收入的稳定增长。扎实推进税收征管改革，形成完善的风险管理体系；完善稽查体制、提高稽查效率；建立大企业管理体系、明确界定工作职能和框架。进一步提高为纳税人服务的水平，促进纳税人遵从税法。要更加强化队伍管理、完善激励机制，最大限度用好现有政策，解决好基层干部职务和福利待遇等实际问题。受客观条件限制，一些关系全省国税事业长远发展的重大问题，不可能一蹴而就、立竿见影，但必须有持之以恒的决心、一抓到底的行动，锲而不舍、久久为功。总之，要通过这次教育实践活动，在解决一些重大问题上取得突破，以重点工作的成果检验教育实践活动的成效。

四、加强组织领导，为开展教育实践活动提供有力保障

开展好党的群众路线教育实践活动是一项重大政治任务，任务重，要求高。我们要以高度的责任感，精心组织，统筹安排，确保活动深入扎实开展。

（一）强化领导责任。这次开展的省局机关教育实践活动，根据干部管理权限，要在税务总局督导组的指导下和省局党组的领导下进行。省局机关教育实践活动领导小组，要认真组织领导全局的教育实践活动；各支部、各单位主要负责同志要落实“一岗两责”，确保教育实践活动覆盖到每个党组织、每个党员。领导小组办公室要负起牵头责任，抓好组织、督导、协调等日常工作；各支部、各单位要密切配合、落实任务，形成合力；纪检监察部门从一开始就要介入，认真抓好正风肃纪各项措施的制定和落实。

（二）突出工作重点。重点要放在广泛征求意见、制定好实施方案，如实剖析问题、写好对照检查材料，充分交流思想、开好民主生活会，有效完善制度、制定高标准的整改方案等方面，抓好审核把关工作，标准要高，要求要严。重点要放在省局领导班子和处级领导干部上，主要看领导干部表率作用发挥得好不好，能不能带头查找并下决心解决问题，能不能带头针对存在的问题及时整改。省局领导小组办公室和各支部、各单位要主动对照要求，及时检查工作进展情况，及时发现问题并加以纠正。

（三）加强分类指导。要严格按照省局《实施方案》要求，统筹好每个环节的工作重点，把握节奏，注重方式。根据省局机关不同部门、不同对象的情况，紧密联系党员干部思想和工作实际，采取务实管用的措施，抓主要矛盾，解决突出问题，防止上下一般粗、左右一个样。税务总局向省局派出了督导组，负责督促检查和工作指导，我们要增强政治意识，积极支持督导组的工作，抓好工作对接，虚心听取意见，自觉接受指导。

（四）营造良好氛围。及时编发教育实践活动简报，宣传省局机关的做法，交流各支部、各单位的经验，引导教育实践活动健康发展。充分发挥山西国税信息、税收专报、《山西国税》杂志、省局网站等媒体的作用，大力宣传教育实践活动的成果，大力宣传先进典型，激发广大党员群众关心活动、参与活动的积极性和主动性。

（五）注重统筹兼顾。要把开展活动同做好各项税收工作紧密结合起来，确保“两不误、两促进”，把教育实践活动成效体现到认真落实年初各项工作部署、奋力实现“三个突破”上来；体现到堵漏增收、促进税收收入稳定增长上来；体现到有序推进“营改增”扩大试点、确保金税三期工程顺利上线等工作上来；体现到有效转变管理方式、扎实推进各项税收改革上来；体现到干部综合素质不断增强、队伍活力有效提升上来。

同志们，保持党同人民群众血肉联系是一个永恒课题。让我们共同努力，扎实开展党的群众路线教育实践活动，以实际行动树立国税部门为民务实清廉的良好形象，更好地履行为国聚财、为民收税的神圣使命，为全省转型跨越发展、为服务经济社会发展大局作出新的贡献！

2 0 1 3 S X G S N B

十七 附录

2013 年山西省国税系统各征收单位税收收入完成情况表

单位：万元

县（市区）		完成数	同比 ±%	同比 ± 额
全省合计		11581093	-12.05	-1586269
太原市	合计	2319580	2.60	58726
	小店区	170194	16.51	24115
	迎泽区	134684	-0.55	-748
	杏花岭区	120684	-8.95	-11860
	尖草坪区	65290	2.98	1891
	万柏林区	80960	10.80	7889
	晋源区	49686	-11.08	-6190
	古交市	40708	-2.68	-1120
	清徐县	65359	49.95	21772
	阳曲县	20146	5.11	979
	娄烦县	47454	13.10	5498
	高新区	114480	-15.52	-21031
	经济区	174304	27.03	37093
	民营区	26308	-0.08	-22
	不锈钢园区	28395	12.58	3172
	市直分局	91329	11.04	9080
	大企业分局	1089599	-1.07	-11792

（续表）

县（市区）		完成数	同比 ±%	同比 ± 额
大同市	合计	1094740	-24.84	-361885
	开发区	20758	-15.79	-3892
	城区局	35101	3.62	1225
	矿区局	12083	11.02	1199
	南郊区	300439	-27.45	-113682
	新荣区	17831	-20.20	-4514
	阳高县	5593	-44.35	-4458
	天镇县	3904	-28.43	-1551
	广灵县	4644	-38.71	-2933
	灵丘县	20442	-17.90	-4458
	浑源县	11590	-32.71	-5635
	左云县	47175	5.74	2561
	大同县	12440	-24.43	-4021
	市直分局	546543	-29.19	-225265
	车购税分局	56197	6.72	3539
阳泉市	合计	503606	-29.62	-211982
	城区	16727	-0.60	-101
	矿区	29351	6.69	1841
	郊区	41456	-37.19	-24544
	开发区	9345	-6.91	-694
	平定县	46013	-19.98	-11488
	盂县局	61723	-50.72	-63522
	市直分局	280557	-28.29	-110655
	车购税分局	18434	-13.26	-2819

（续表）

县（市区）		完成数	同比 ±%	同比 ± 额
长治市	合计	1215118	-15.70	-226223
	城区	24566	12.36	2703
	郊区	80120	4.39	3366
	长治县	199291	-30.57	-87749
	潞城市	51720	26.78	10924
	屯留县	83530	13.56	9975
	长子县	182696	-18.00	-40097
	壶关县	14391	-17.10	-2968
	平顺县	5751	-10.14	-649
	黎城县	16011	-7.33	-1266
	武乡县	40242	-26.01	-14146
	襄垣县	103772	-29.00	-42384
	沁县	6528	0.68	44
	沁源县	66632	-23.30	-20240
	市直分局	144959	1.87	2666
	开发区	167569	-22.35	-48219
	车购税分局	27340	7.12	1817
晋城市	合计	1048064	-5.95	-66304
	城区	25176	-8.12	-2225
	泽州县	54627	-27.61	-20834
	高平市	124129	-31.63	-57427
	阳城县	69841	-10.41	-8114
	陵川县	11651	-44.38	-9297
	沁水县	124105	-18.85	-28834
	市直分局	282288	8.21	21407
	开发区	324265	12.98	37255
	车购税分局	31982	5.84	1765

（续表）

县（市区）		完成数	同比 ±%	同比 ± 额
朔州市	合计	1137047	-9.42	-118181
	朔城区	105114	1.67	1722
	平鲁区	115437	-11.25	-14640
	山阴县	92235	-29.62	-38811
	怀仁县	150390	-8.34	-13687
	应　县	13074	3.70	466
	右玉县	28416	-20.22	-7200
	市直分局	597887	-7.54	-48781
	开发区	11965	42.97	3596
	车购税分局	22529	-3.62	-846
忻州市	合计	619472	-17.71	-133311
	忻府区	22182	-6.72	-1597
	定襄县	19580	-13.10	-2952
	五台县	31532	22.07	5700
	原平市	85647	-25.81	-29790
	代　县	53768	-18.74	-12399
	繁峙县	44989	4.73	2030
	宁武县	58185	-29.93	-24850
	静乐县	6080	-51.91	-6562
	神池县	12982	-10.51	-1524
	五寨县	23418	-50.88	-24253
	岢岚县	10494	-46.51	-9123
	河曲县	98603	-3.85	-3953
	保德县	80207	-29.22	-33108
	偏关县	19795	21.39	3488
	市直分局	27609	22.27	5028
	经济区	12691	1.15	144
	车购税分局	11710	3.63	410

（续表）

县（市区）		完成数	同比 ±%	同比 ± 额
晋中市	合计	894783	-9.85	-97806
	榆次区	70929	-10.65	-8456
	太谷县	41674	21.59	7401
	祁　县	32185	21.54	5703
	平遥县	42718	-20.13	-10768
	介休市	94784	-21.06	-25294
	灵石县	185177	5.12	9024
	寿阳县	103413	-40.72	-71036
	昔阳县	77161	-4.96	-4027
	和顺县	42268	-27.33	-15897
	左权县	28317	-11.86	-3811
	榆社县	18710	23.43	3551
	市直分局	104081	10.41	9812
	开发区	30255	11.67	3161
	车购税分局	23111	13.96	2831
吕梁市	合计	1441626	-24.31	-462993
	兴　县	121354	-9.07	-12104
	岚　县	20229	26.49	4237
	交城县	43338	-14.52	-7362
	文水县	32567	-3.65	-1235
	汾阳市	35290	-15.73	-6585
	孝义市	202319	-12.62	-29222
	交口县	91623	-20.91	-24226
	中阳县	85686	-17.62	-18322
	石楼县	1768	-39.49	-1154

（续表）

县（市区）		完成数	同比 ±%	同比 ± 额
吕梁市	柳林县	304412	-37.41	-181912
	临　县	31391	-49.07	-30244
	方山县	46040	-7.08	-3507
	离石区	60322	-36.36	-34471
	市直分局	350591	-25.38	-119223
	车购税分局	14696	18.91	2337
临汾市	合计	783636	-7.67	-65079
	尧都区	76939	5.16	3774
	侯马市	30014	17.05	4371
	曲沃县	56539	5.85	3126
	翼城县	33850	-37.41	-20236
	襄汾县	69664	-4.61	-3370
	洪洞县	108509	-7.04	-8222
	霍州市	74000	-6.34	-5013
	古　县	32153	7.56	2261
	安泽县	29671	-46.29	-25571
	浮山县	15368	-39.08	-9860
	吉　县	9794	-24.98	-3261
	乡宁县	75346	4.15	3004
	蒲　县	28299	-38.28	-17553
	大宁县	827	-11.55	-108
	永和县	1800	-5.41	-103
	隰　县	2600	11.06	259
	汾西县	2177	-31.43	-998
	临汾开发区	11736	12.10	1267

（续表）

县（市区）		完成数	同比 ±%	同比 ± 额
临汾市	侯马开发区	7925	-13.24	-1209
	市直分局	68718	8.11	5154
	车购税分局	47707	17.80	7209
运城市	合计	523421	23.26	98769
	盐湖区	85183	-0.29	-250
	永济市	42191	18.57	6609
	芮城县	12844	6.62	797
	临猗县	19648	8.34	1512
	万荣县	16503	13.66	1984
	新绛县	29945	-9.72	-3223
	稷山县	24179	7.53	1694
	河津市	119932	114.71	64075
	闻喜县	31704	15.42	4236
	夏　县	9656	9.89	869
	绛　县	9216	35.03	2391
	平陆县	9534	-36.64	-5514
	垣曲县	25552	-13.38	-3947
	空港分局	5594	0.00	5594
	市直分局	4117	448.93	3367
	运开分局	8064	31.36	1925
	风陵渡分局	19960	59.17	7420
	华信分局	3071	-17.84	-667
	车购税分局	46528	27.02	9897

2013年山西省国家税务局获得的荣誉

一、2013年度以省局名义受到表扬、表彰和奖励的情况

省局被全国普法办（中宣部、司法部）评为全国“六五”普法中期先进单位，此项工作由办公室主办、法规处协办。

省局被省政府办公厅评为2012年度“全省政府信息工作先进单位”，此项工作由办公室承办。

省局被省人社厅和省档案局联合表彰为“全省档案工作先进集体”，被省档案局评为2012年度“档案事业统计年报工作先进集体”，在省档案局开展的2013年度考核中被评为“档案工作优秀单位”。此三项工作由办公室承办。

省局金税三期上线工作得到税务总局局长王军、副局长宋兰批示表扬，此项工作由征管科技处牵头办理。

省局在政风行风评议工作中被省政府评为执法监察部门第一名，此项工作由监察室牵头办理。

省局机关被省直纪工委命名为“首批山西省省直机关廉政文化示范单位”，并在省直机关廉政文化建设交流会上作了典型发言。此项工作由监察室承办。

省局机关在2012年度精神文明建设工作中被省直工委评为“省直文明和谐单位标兵”；省局机关推送的两个文艺节目在省直机关“我的中国梦”优秀节目展演中均获得“优秀节目表演奖”和“优秀节目创作奖”；省局机关在社会公益活动中成绩突出，被省红十字会评为2012年“博爱一日捐募捐工作先进集体”；省局机关在省直工委组织的五项全能活动比赛中获得“优秀组织奖”。以上四项工作由机关党委办公室承办。

省局机关被评为庙前地区综合治理“模范单位”。此项工作由机关服务中心承办。

省局机关被省委干部下乡领导组评为“2012年度定点扶贫工作先进单位”。此项工作由省局扶贫队承办。

二、2013年度省局各处室、单位受到表扬、表彰和奖励的情况

货物和劳务税处 2013年度增值税改革工作受到税务总局通报表扬。

所得税处 2012年企业所得税收入分析工作、2013年一季度企业所得税收入分析工作、2012年度企业所得税汇算清缴工作受到税务总局通报表扬。

收入规划核算处 编写的《山西省煤炭行业税负深度分析》在税务总局《税收分析报告》刊发，得到税务总局党组成员、副局长丘小雄批示表扬。税收调查工作被财政部、国家税务总局评为先进单位；企业集团税源监控工作、税收收入规划核算报表工作、税收预测工作、税收会计统计年报会审工作受到税务总局通报表扬。税收收入质量税源增长潜力在全国名列第三，受到税务总局通报表扬。

征管和科技发展处 被省直工委和省直机关劳动竞赛委员会评为“省直机关模范集体”；被山西省第二次全国经济普查领导小组评为“基本单位名录库维护更新工作先进单位”；税源与征管状况监控工作、企业纳税评估工作、股权转让信息应用工作、第三方涉税信息获取和应用工作、行业纳税评估模型建设工作受到税务总局通报表扬。

财务处 在全国国税系统财务管理目标责任考核中，被税务总局评为“优秀”等级。

督察内审处 税收执法督察工作、税收执法疑点核查工作受到税务总局通报表扬。

离退休干部处 老干部活动中心被省委老干部局评为“全省先进老干部活动中心”。

稽查局 被省直工委、省直机关劳动竞赛委员会评为“省直机关模范单位”。打击发票违法犯罪活动工作、开展药品医疗品械生产经营单位和医疗机构发票使用情况专项整治工作、对税务总局交办和督办案件的查处工作、协查工作受到税务总局通报表扬。《中国税务稽查年鉴》发行工作被税务总局稽查局、中国税务出版社评为“发行工作先进单位”。

信息中心 信息化制度建设、承办税务总局相关会议及电子税务信息报送等工作成绩突出，受到税务总局电子税务管理中心通报表扬。

机关服务中心 交安委被太原市交警支队评为“先进交安委”。